中国现代作家青春剪影丛书

修订本

东方芦笛
艾青

刘屏——著

时代出版传媒股份有限公司
安徽教育出版社

图书在版编目（CIP）数据

东方芦笛:艾青 / 刘屏著.—修订本.—合肥:安徽教育出版社,2022.11

（中国现代作家青春剪影丛书）

ISBN 978-7-5336-9650-4

Ⅰ.①东… Ⅱ.①刘… Ⅲ.①艾青(1910-1996)—生平事迹 Ⅳ.①K825.6

中国版本图书馆CIP数据核字（2022）第030735号

东方芦笛　艾青
DONGFANG LUDI　AIQING

出　版　人:费世平
统筹编辑:周　佳
责任编辑:余润桑
装帧设计:王莉娟
美术编辑:吴亢宗
责任印制:陈善军

出版发行:安徽教育出版社
地　　址:合肥市经开区繁华大道西路398号　邮编:230601
网　　址:http://www.ahep.com.cn
营销电话:(0551)63683015,63683016
排　　版:安徽时代华印出版服务有限责任公司
印　　刷:安徽联众印刷有限公司

开　　本:880 mm×1230 mm　1/32
印　　张:7.25
字　　数:128千字
版　　次:2022年11月第1版　2022年11月第1次印刷
定　　价:28.00元

（如发现印装质量问题,影响阅读,请与本社营销部联系调换）

青春剪影出一首首梦的歌（代序）

傅光明

鲁迅《呐喊·自序》的开篇第一段话是："我在年青时候也曾经做过许多梦，后来大半忘却了，但自己也并不以为可惜。……这不能全忘的一部分，到现在便成了《呐喊》的来由。"紧接着，他回忆起儿时家庭从小康坠入困顿，这样的苦涩经历使他从中得以看见世人的真面目，继而要"走异路，逃异地，去寻求别样的人们"。

从他睁开眼看世界，他便有了梦，很美满的一个梦——到日本，学医，救治像他父亲一样"被误的病人的疾苦，战争时候便去当军医，一面又促进了国人对于维新的信仰"。直到课堂上放映关于日俄战事的画片，"忽然会见我久违的许多中国人了，一个绑在中间，许多站在左右，一样是强壮的体格，而显出麻木的神情。据解说，则绑着的是替俄国做了军事上的侦探，正要被日军砍下头颅来示众，而围着的便是来赏鉴这示众的盛举的人们"。

这个故事本身已具有经典性，不仅如此，相信凡熟悉鲁迅的读者更喜欢咀嚼接下来的这一小段文字，因为它是鲁迅作家梦开始的地方:"医学并非一件紧要事,凡是愚弱的国民,即使体格如何健全,如何茁壮,也只能做毫无意义的示众的材料和看客,病死多少是不必以为不幸的。所以我们的第一要著,是在改变他们的精神,而善于改变精神的是,我那时以为当然要推文艺,于是想提倡文艺运动了。"

这时,他又开始做好梦了。从仙台辍学回到东京,他邀几位朋友一起办杂志,以期迈出文学的第一步。但这本取"新的生命"的意思而叫《新生》的杂志,在策划中便胎死腹中,梦也随之转瞬即逝了。

因梦无法实现而带来的寂寞,一天天地长大起来,"如大毒蛇,缠住了我的灵魂了"。然后是无端的悲哀和驱除不尽的痛苦,而麻醉的最好办法是"使我沉入于国民中,使我回到古代去",让生命黯然销魂,直销到"再没有青年时候的慷慨激昂的意思了"。

就这样,在蚊子多的一个夏夜,已蛰居北京,在绍兴会馆里百无聊赖抄古碑的鲁迅,迎来了一个老朋友。这位"偶或来谈"的老朋友金心异,便是正协助陈独秀编辑《新青年》杂志的钱玄同。聊天中,一段石破天惊的对话呱呱坠地,并成为中国现代文学史上经典的里程碑式的思想意象:

> 假如一间铁屋子,是绝无窗户而万难破毁的,里面有许多熟睡的人们,不久都要闷死了,然而是从昏

睡入死灭，并不感到就死的悲哀。现在你大嚷起来，惊起了较为清醒的几个人，使这不幸的少数者来受无可挽救的临终的苦楚，你倒以为对得起他们么？

　　然而几个人既然起来，你不能说决没有毁坏这铁屋的希望。

由此，鲁迅发出"狂人"的呐喊，《狂人日记》不仅成为小说家鲁迅的起点，更成为中国现代白话小说的源头和丰碑。

可以说，鲁迅是在生命日渐消沉的时候才做起小说来！显然，是五四精神孕育出了鲁迅的新生，而鲁迅又给五四精神注入了别样的新鲜活力和深邃的思想光芒。那本在东京未出世就夭折了的《新生》雪藏起鲁迅的摩罗诗力，而一本在北京崭新的《新青年》却真的赋予了鲁迅新的生命——文学的、艺术的、精神的、思想的不朽生命。

简言之，一篇短短的《呐喊·自序》，已大致可以为鲁迅，同时也可把这样的梦影当参照，为许多现代作家，甚至为读者自己画一幅青春剪影了。

像鲁迅一样，世上所有的人，年轻时候都会做许多梦。醒来一个梦，再做下一个梦，有梦便有希望在，人生的过程就是在不断做梦寻梦。当然，悲哀时，又会感觉一如鲁迅所说，"人生最苦痛的是梦醒了无路可以走"。如果真的无路可走了，还是要做梦，回忆青春的梦。没有了梦，便只剩下了绝望。

这套书里的作家们,年轻时几乎无不是有着一个又一个的梦。郭沫若和鲁迅一样,早年赴日本留学时,学的是医学,后因受到荷兰哲学家斯宾诺莎和美国诗人惠特曼思想的影响,决心弃医从文;与郭沫若等一同发起成立"创造社"的郁达夫,留日之初,考入的是东京第一高等学校医部预科,后又改学过政治学、经济学;冰心在写她的《繁星》《春水》以前,就读于协和女子大学理科,向往的也是日后成为一名医生。

然而,任何一个梦想的实现,都需要付出巨大的艰辛、努力。一个人的青春岁月,时常是苦恼与快乐相伴、信心与茫然相随。正是在这个时候,已经长大了的青少年,会突然惊奇地发现,原来世间的事情是如此的复杂,连黑与白的界线都有可能变得不明晰和不确定起来,无法一下子认定的事情越来越多。这些对于作家来说,却又是不可或缺的人生经历和体验。

无论他们在年轻时做过怎样的梦,有一点是共同的,即读书、求知。他们大都有过在海外或留学,或进修,甚或流亡的经历;他们中的许多人至少懂得一门外语,像巴金、郁达夫、钱锺书、杨绛等,通晓的外语都在两门或两门以上。茅盾是在大革命失败后,流亡日本时,深度创作他的小说处女作《蚀》三部曲的。巴金的小说处女作《灭亡》写于巴黎,这之后,他的写作一发不可收。朱自清在出任清华大学中国文学系主任的前一年,曾在英国进修过语言学和英国文学,后漫游欧洲五国,才有后来写作的

《欧游杂记》《伦敦杂记》。艾青最初读的是艺术学院绘画系，后在赴法国勤工俭学时，边学绘画，边接触欧洲现代派诗人，最终成为诗人，而不是画家。在南开中学就开始参与戏剧活动的曹禺，初入南开大学，读的是政治系，转至清华大学西洋文学系才真正开始钻研戏剧，从古希腊剧作家到莎士比亚、契诃夫、易卜生、奥尼尔，孕育出了他的《雷雨》《日出》。

每个作家都有藏在他的文学梦背后的故事，这些故事对于启迪我们的人生智慧和精神思想，都是难得的知识营养。通过这些故事，我们知道，徐志摩最早没想过要成为诗人，他留学美国时，学的是经济，转去英国，是为了追随罗素，搞政治。当丁玲陷在生活的困惑之中，她做过画家梦，更做过电影明星梦。各自已有深厚的人生体验的川籍作家艾芜、沙汀，是在他俩相遇后，才一起走上文学路的。从湘西走出来的"乡下人"沈从文，学历只到小学，经过人生的许多坎坷沧桑，矢志不渝，最终成就了自己的文学梦。

对于今天的读者，已经成为历史的他们，在这个"剪影"里构成了一组混着一个又一个青春生命泪与笑的梦的合唱。如果能够从他们一串串的梦里找到自己，相信你的未来不是梦！

艾 青

(1910年3月27日—1996年5月5日)

目 录

第一章　双尖山下 /001

第二章　读书生活 /022

第三章　艺术之门 /056

第四章　巴黎之旅 /076

第五章　男儿有热血 /119

第六章　狱中岁月 /144

第七章　步入诗坛 /178

尾声　吹芦笛的诗人 /211

第一章
双尖山下

1. 蒋家生了个"小克星"

浙江省金华古城东北方向,有一大片连绵的山岭。群岭中最高的一座叫双尖山。

晴天丽日天空飘着白云,双尖山很像一位骑着紫铜色战马、身上披挂弓箭的古代骑士,骁勇威武地在天边驰骋。

遇上阴天雾罩的日子,双尖山又似一个紧锁眉眼沉着面容的魁伟武将,反背着双手默默耸立着。

靠双尖山东面,有一座绝壁断崖,陡峭而宽阔的山冈远远望去,活似一只斑斓猛虎,雄踞静卧,随时准备跃下山去捕获猎物。山冈也因此得名伏虎岩。

沿伏虎岩往东是别离山,窄窄的峡谷中一条长长的小路弯弯曲曲地延伸开去,直插入远处神秘莫测的原始森林中。

双尖山的西边是太阳岭,每天黄昏,劳碌了一天的太阳便在岭头隐去疲惫的身影,山前山后辛劳了一天的农人就走进了日落而息的夜晚。

不知是什么朝代,双尖山和太阳岭间,开出了一道刀劈斧削的隘口,南来北往远远近近的人们,靠着这条路世世代代地传递着精神和物质的食粮,繁衍着子孙。

畈田蒋村,是散落在双尖山南麓无数个小村庄中的一个。虽然有着秀美的自然景色,但如果不是一个偶然的机缘,也许直到今天,这里的乡民和一切仍不为世人知晓。

畈田蒋村的自然环境,有点像古代诗人陶渊明笔下的桃花源。可是闭塞贫穷的生活,却使绝大多数的村民生活在困窘和愚昧的交迫中。

畈田蒋村也有七户过得富裕的人家,在这七户地主中,蒋忠樽家算是中等。这位21岁的一家之主,如今正在七十多里外的金华城里念中学,靠着祖上传下来的十余间房屋和两百多亩水田,他可以不为全家人的生计操心。何况在不远的傅村和孝顺两个集镇上,还有他与别人合股经营的两家店铺,一个是"永福祥"酱油坊,一个是"蒋贤兴"南货店。

蒋忠樽的父亲叫蒋文莲,曾是清朝的太学生,原配夫人是个童养媳,虽能干贤惠,仍难以博得丈夫的欢心,于是便有了得宠的二奶奶。

别看大奶奶难得蒋文莲的宠爱,却为他生养了两个儿子。大儿子从小被惯坏了,吃喝嫖赌抽,没有多大出息。二儿子便是蒋忠樽,生下来就带着一副"福相",从小性情温和宽厚又听话，使蒋文莲隐约看到了家业的未来，也使母亲得到了心灵的安慰。蒋文莲暗自决定，有朝一日这份积来不易的家产一定传给蒋忠樽。为了日后的安排他亲自为儿子选择学校，设计前程。

1905年，蒋文莲因病去世，蒋忠樽果真继承了蒋门的家业，这年他才16岁，还是一个肩膀头没硬实的孩子。

为了承担起家庭的重担，蒋忠樽娶了义乌县王阡村的楼仙筹为妻。楼姑娘比丈夫小一岁，过门那年只有15岁，却成了蒋忠樽持家撑门的好帮手。慈眉善目的楼仙筹不识字，但凭着聪慧和丈夫的熏陶，没几年就能朗朗上口地背诵不少唐诗。

几年过去了，蒋家的家业并没有因为易主而走下坡路，在蒋忠樽的悉心经营管理下倒是水涨船高、一步一层楼。同时，蒋忠樽也并没有因操持家业而荒了学业。这个金华七中第三届的学生，在那个维新变法、洋务运动的时代大潮中，是一个忠实的"维新派"信徒。他不甘于做一个祖辈那样因循守旧、安分守己的土财主，在他的思维中不时地会冒出一星半点带有叛逆色彩的火花。他甚至想象着在不久的将来，依照自己对传统和现实的理解，建立起一个中西文化聚合的新型家庭。在他的人生目标中，除了家业发达，他还希望子孙满堂人丁兴旺。这种想法，在妻子楼仙筹为他怀上第一个孩子后，更加强烈地表现了出来。

1910年的中国像一座熔岩涌动尚未爆发的火山,而小小的畈田蒋村,仍如世外桃源般的平静。

春节已过,农户们开始新一轮的耕作准备,蒋忠樽也打点行装告别家人返回金华七中,开始新学期的学业。

这次回校,他唯一放心不下的就是怀胎九个月的妻子,虽然家中有几个仆人老妈子无微不至地照料关护,但不知为什么,他的潜意识里总有一丝不安在搅动。这第一胎该是个关键,有人为他掐算过,太太肚中的小生命肯定是"龙"不是"凤"。倘若真是这样,那他蒋氏的"耕读家风"就将锦上添花,大放光彩,他也算早早地了结了传宗接代后继有人的心愿。蒋忠樽绝对相信自己的"福相"和"八字"。

尽管如此,离家前蒋忠樽还是不止一遍地嘱咐家人:太太有什么动静,千万要立刻告诉我,万万不可耽搁。

事情果如精明的蒋忠樽所料,妻子将要分娩的消息如期而至,蒋忠樽急匆匆地在城里雇了辆马车,当天就与报信的家人一道赶回了畈田蒋村。

当他远远地看见村西半里远那两棵巨大无比的老樟树时,心中不由得升腾起一种浓浓的快意,仿佛在暗暗地对什么人说:"如今,我蒋忠樽也要为人之父了。"

可惜这种快意并没有保持多久,当蒋忠樽穿过村中那条东西走向的狭长小街,一只脚迈进熟悉的高墙大院时,那颗心一下子沉重了起来——妻子遇到了意料不到的难产。

整整两天两夜,蒋家上上下下都成了热锅上的蚂蚁。

蒋忠樽的母亲见多识广,可这次也显得手足无措,只是不停地烧香祈祷大慈大悲的菩萨保佑。

听着妻子在产房中痛苦地呻吟和母亲在供桌前不断地祷告,看着接生婆无奈的神态和下人们进进出出的身影,蒋忠樽感到自己的精神有点坚持不住了,二十年来一直是风调雨顺、平步人生的他,第一次尝到了沟坎的滋味。

"怎么弄成这样?怎么弄成这样?"他真的弄不明白,一向关照他的老天爷,为什么这回偏偏跟他过不去。眼下别说光大"耕读家风"传宗接代了,孩子能否成活先不去管了,只要能保住大人,他就心满意足了。他把想法告诉了接生婆,她望着他摇摇头,说:"如今哪里还有什么退路。这孩子是生也得生,不生也得生了。"接生婆告诉他,可以再帮助太太努把力,但关键要看太太和孩子是否命大了。

或许是老天爷被母亲和儿子的痛苦而执着的求生欲望所感动,第三天婴儿终于落地了。随着孩子一声哭泣,蒋家上下都仿佛卸下了千斤重磨。

"恭喜贺喜老爷、太太,您府上添了位小少爷。"

任接生婆满面春风地报着喜,蒋忠樽的心里却怎么也欢快不起来。他摸摸接生婆手中抱着的初涉人世的小东西,勉强笑了笑,心中暗想:"你这个小家伙呀,差点要了你母亲的命啊!"

蒋忠樽亲自安排好产后的妻子,才感觉到周身的疲惫。他这几天茶饭无味、坐卧不安,这会儿躺在床上,浑身的骨架像散了一样,困乏一阵阵袭来,偏偏又睡不着,回想这几天的经历,真有些不堪回首。

他翻了个身,棕床发出吱吱的声响。突然隔壁屋中传来婴儿的啼哭声,一丝不祥的征兆掠过他的心头……

2. 奶娘大叶荷

说什么楼仙筹也不愿接受眼前这个现实:自己几乎用生命才换来的儿子竟然是个"克星"。

"不,不不!这不可能!这是我身上掉下来的肉,我不相信他会克自己的亲生父母。"楼仙筹说着,眼泪就唰地落了下来。

"唉!"蒋忠樽深深地叹了口气,"我也不想是这种结果,可算命先生的话只能信其有,不可认其无啊!"

蒋忠樽也不明白为什么,他这些年接受了那么多外来的东西,可到头来,一个算命先生的话竟使他深信不疑。

父母和孩子的生辰八字不合,必然凶多吉少,给蒋门带来灭顶之灾。不过算命先生也提出了逢凶化吉的办法,把"克星"送给人家养活,五岁之前不能吃生母的奶,隔断与生身父母的一切关系，待到凶期过后，再接回家来。算命先生还特意叮嘱蒋忠樽，即使孩子回来，也永远不能叫他们为父母，只能以叔婶相呼，这样方可保佑他们一世平安。

楼仙筹最终还是依从了丈夫。也许只有这一条路能保证蒋家大人孩子都平安。

事关重大，不可迟疑。蒋忠樽一边安排人准备护送身心交瘁的妻子回义乌县王阡村的娘家去调养恢复身体，一边派家人到本村、外村去打听有没有人家愿意收留奶养孩子。没有几个时辰，便有了回音。一是村东一对新婚一年才得头子的夫妇，另一是村北一个已生数子又生一女的中年妇女。

"我看就送村东那家吧！只要好好将养这孩子，工钱可以多些。"

孩子临送走前，蒋忠樽又郑重其事地给孩子起了名，叫蒋正涵，字养源，号海澄。

这个蒋海澄便是后来在中国现代诗坛上留下显赫声名的大诗人艾青。

小艾青只在村东年轻夫妇家待了不到一天，又被转到村北那位养了一群孩子的中年农妇家奶养。

"海澄交给'大叶荷'，我也可以放心了。工钱多开一点，别亏待了她。"

安排完妻子和孩子的事，蒋忠樽了却了一桩大事，他又返回金华去继续他未完的学业。

这里还必须回过头来说一说"大叶荷"的情况。

大叶荷本不叫大叶荷,她从小被卖到畈田蒋村做蒋忠丕的童养媳。没有人知道她叫什么,因为是从五里外的大叶荷村来的,一来二去大叶荷便成了她的大名。

大叶荷是个苦命的女人,嫁给老实巴交、一贫如洗的蒋忠丕后,她没有过上一天好日子。她为丈夫生了三个儿子,比她大二十多岁的丈夫却被一场大病夺去了生命。为了三个孩子,大叶荷又嫁给了外村来的光棍汉姜正兴,而且很快又为姜正兴生了两个儿子。人口多家境穷,吃了上顿没下顿,姜正兴每天度日如年,借酒消愁,醉了对大叶荷又打又骂。大叶荷听说村里的地主蒋忠樽家正为新出生的少爷找奶娘的消息时,她和姜正兴的第三个孩子刚出生三天。望着炕头上又瘦又小的女儿,她两眼茫然。一家大小八张嘴靠什么来填?总不能去喝西北风吧,如果能把奶养蒋家小少爷的活儿揽过来,那一家大小的日子就好过一点儿了。

大叶荷把自己的想法告诉姜正兴,丈夫摇着头叹气道:"晚啦,蒋家少爷已叫村东头那家接了去。"

"咱再跟蒋家老爷说说,求求情抱过来吧!"大叶荷不甘心。

"唉!"姜正兴长叹一口气,摇摇头。

女人是最知道女人心的。蒋忠樽的姐姐凭着女人的直觉庆幸命硬可怜的侄儿找到了一个可以信赖放心的好人家，尽管是穷了点儿。

大叶荷见蒋忠樽的姐姐同意为她去争取小少爷的奶养权，心中别提有多感激了，走投无路的一家人终于有了活路。

3. 穷人家的小少爷

小艾青似乎与大叶荷有着天生的缘分。

当蒋家的姑奶奶和下人把小艾青轻轻放到她怀里的那一瞬间，她就感觉到自己与这个孩子分不开了。

她看着婴儿张着小嘴四处寻找的样子，赶紧撩起衣襟喂养起来。

"记住了，少爷的大名叫蒋海澄，以后你可要把他当作自家人来伺候。"瞅着小东西满足的样子，蒋家姑奶奶叮嘱道。

"姑奶奶尽管放心，小少爷从今往后就是我们家的掌上明珠。"

蒋忠樽的姐姐和下人撂下小少爷换用的物品告辞了。

从此，小艾青就开始了在大叶荷家一段穷困却难忘的生活。

大叶荷的家在畈田蒋村的北边，只有一个小得不能再小的院落和一座旧得不能再旧的房屋。屋里破烂不堪的墙壁早已被炉灶的柴烟熏烤得漆黑一片。做饭点火时，柴烟就顺着屋顶歪歪斜斜的瓦隙缕缕而出。晴朗的夜晚，小艾青还可以从瓦隙中看到夜空中眨眼的星星，听到池塘边的蛙鸣和远处山林中的虫叫。

在小艾青的记忆里，最熟悉的莫过于门前那块长着青苔的石凳了。奶娘坐在石凳上，他偎在奶娘的怀里一口口地吸吮着生命的乳汁。吃饱了，他便仰起小脸，等着奶娘用厚大粗糙的手掌，轻轻地、一下一下地在他的脸上、身上抚摸，等着奶娘用黑里透红的厚嘴唇，亲吻他的小嘴和脸蛋。

虽然有了哺养小艾青的工钱，但大叶荷家的生活依然是非常贫困的。为了不让小艾青受委屈，大叶荷总是想方设法地为他改善生活。小艾青想吃鸡蛋，她就把换火柴油盐的鸡蛋省下来给他吃。逢年过节，买不起年货，她又会亲手做些"冬米糖"为他解馋。

这些特殊的待遇，几个哥哥几乎是没有的，但他们从来没有抱怨过，而是像任劳任怨的母亲一样，关照着小弟弟。因为母亲告诉过他们，一家人的活路都是小弟弟带来的。

在大叶荷家，小艾青享受了在亲生母亲身边都享受不到的一切。

小艾青能说会走了以后，大叶荷常带他出去走走。小艾青有时腿懒不想走路，大叶荷就背上他。在小艾青的印象里，乳娘永远是个笑模样。无论是到池塘边洗菜、洗衣裳，还是清理猪槽；无论是到场上晒粮，还是在灶火边做饭，她都干得很有兴趣。小艾青从来没有见她发过火。

小艾青喜欢吃乳娘做的带着柴草香味的饭，更喜欢吃乳娘炖的肉。

小艾青跟几个哥哥的感情是很好的。晚上，他们睡在一张大床上，几个哥哥总要嘻嘻哈哈地逗上他一阵儿，疯上一阵儿。白天，他们不干活的时候，就哄着他玩泥巴、抓昆虫、做游戏……

更多的时候，小艾青喜欢坐在那里，静静地看着大叶荷做活儿。乳娘那炖肉时扇灶火的神态，那做好饭拍围裙的动作，那往桌子上放酱碗的姿势和唤他吃饭的声音，以及飞针走线缝补哥哥们砍柴时挂破的衣服和掐干爹和哥哥们衣缝中虱子的表情都深深地刻在了他的脑海里。

一次，哥哥砍柴不小心砍伤了手，哭着跑回家来。大叶荷放下手中的活，赶紧找布为儿子包扎。小艾青看到哥哥疼得流泪，乳娘手忙脚乱，就小大人似的说："哥哥不怕，妈妈不慌！"只重复了几遍，气氛便松弛下来。事后大叶荷抚摸着小艾青的头感叹："小海澄，你可真是个懂事的孩子。"

几年中，大叶荷为小艾青付出的奶水和爱是没有办法用语言来表达的，小艾青似乎有些明白，他高兴起来时常会一口一个"妈妈"地叫着大叶荷。听到小艾青亲昵的称呼,大叶荷不管在干什么活儿,都会放下,一边连声地答应着,一边用粗壮的双臂将乳儿揽在怀里亲个不停。

大叶荷甚至做过这样一个梦:

小艾青长大了,长成一个漂亮的男子汉。有一天儿子要结婚了,她端端正正地坐在一间张灯结彩金碧辉煌的大堂上,喝着儿子的结婚喜酒。乳儿那娇美的媳妇,拉着她的手轻轻摇晃,嘴里"婆婆长、婆婆短"地叫着。她笑啊乐啊,一辈子也没有那么欢快过。

她是在笑声中醒来的,借着淡淡的月光,看见身边的乳儿也在睡梦中微笑,也许他们真的在做同一个梦呢!

大叶荷有时候觉得,她的希望就在这个孩子身上。

4. 躲不过的日子

斗转星移,日月交叠,时间像小河的水,不知不觉间便从脚边流走了。

小艾青一天比一天长大了,穿的衣服放了接、接了改,眼瞅着又小得不能穿了。

看着已经能帮自己抱柴火拎菜篮的小艾青,大叶荷心里格外宽慰,她常常在村里人面前夸小艾青,让听的人都羡慕不已。

有人说:"大叶荷婶,海澄可是蒋家的少爷,保不准哪一天,人家就将孩子接回去了,你这个奶娘能落下什么呀?"

这话大叶荷打心眼儿里不愿意听,然而人家说得并没有错。

"不会吧,海澄这孩子是我一口奶一口饭、一把屎一把尿带养大的。他离不开我,离开了没法子生活哇!"

人们听到她这样解释,都不说话了。

大叶荷开始吃不香、睡不实了。有时她看着自己玩耍的小艾青会突然叹一口气,小艾青惊奇地抬起头问道:"妈妈,你不高兴了?"她摇摇头。

有时夜里,她会忽然惊醒,以为小艾青被别人夺走了,赶紧伸手去摸,直到抚到孩子绵软的胳膊腿儿,才肯放下心再接着睡。

她把自己的担忧告诉丈夫,丈夫劝她说:"人家的儿子再不受欢迎,也是人家的骨血,你犯不上这么难过。"

可是大叶荷对小艾青就是难舍难分。

慢慢地,她也不得不面对这个现实了。有时候,她有意识地拉着小艾青的小手问:"海澄,你说奶娘好不好?""好!""你以后离开奶娘了,还来看我吗?""我一辈子也不离开奶娘!""奶娘老了,不中用了!""胡说胡说,你不老不老嘛!我才不离开你呢,就不离开!"

小艾青说着说着,眼泪就在眼眶里打转了。

"好好好！奶娘永远不和你分开！"

大叶荷紧紧地把小艾青抱在胸口，轻轻地用下巴摩挲着小家伙的脸颊。

或许是感到那个日子的临近，大叶荷尽一切可能变着法子地为小艾青做各种好吃的，几个小哥哥也懂事地陪伴着他玩儿。

那个躲不过的日子终于来了。

小艾青刚过五岁，蒋家就叫人传话过来，说过几天来人接海澄少爷回府。

大叶荷是在小艾青离开的前一天告诉他的。

孩子这次没有哭没有闹，只是两眼直直地看着大叶荷乞求地说："奶娘，你不要海澄了？我不回去嘛！"

"孩子，奶娘永远要你，你永远是奶娘的心头肉，可奶娘这穷，你到亲爹亲妈那儿什么都有，享福呀！"

"我不要享福，我要穷嘛！"

"唉，别说傻话了，再说你还要去上学读书，到时候做个让奶娘高兴争气的孩子。"

小艾青不说话了，他弄不懂不要他的父母为什么偏偏要他回去，而想要他的奶娘却不能留住他。

第二天吃罢早饭，蒋家派来接少爷的男佣就到了。

大叶荷强带着笑，把钉满了补丁却洗得干干净净的衣服替小艾青穿上，边穿边叮嘱道："孩子，回去要听爸爸妈妈的话，好好读书，别想奶娘和哥哥们。"

小艾青默默地点点头,直到男佣拉起他跨出奶娘家小院破旧的门槛时,才大哭了起来。

这哭声引得几个哥哥也哭了起来。

大叶荷没有哭,倚着门框一眨不眨地望着乳儿远去的小背影。她知道自己应该为澄儿高兴,因为海澄的苦日子总算是熬到头了。

她在心里默默地为小艾青祈祷,任泪水悄然滑过两颊。

5. "叔叔"和"婶婶"

小艾青回家几天了,却怎么也找不着回家的感觉。

蒋家大而宽敞的庭院,一间套一间又高又亮的房间,几次让他走迷了路。

在这个是自己又不是自己的家中,他不敢像在奶娘家的破屋中那样大声地喊、痛快地笑、咚咚地跑、上下地跳,走到哪儿都是轻轻的,像一只胆小的猫进了一片陌生阴森的树林。

他讨厌那些佣人"少爷、少爷"地叫他,想着奶娘和哥哥们招呼他的声音。

他也讨厌堂屋檐前高高挂着的那块长方形木牌子。他觉得那是一块很重很重的青石板,悬在那里,他从底下进进出出，说不定什么时候它会掉下来，把他砸成肉饼。这里的人告诉他，那牌子叫"匾"，上面金闪闪的四个字是"天伦叙乐"。

什么叫"天伦叙乐"小艾青一点都不明白，反正他认为这跟自己没有丝毫关系。

他悄悄地摸过这里一件一件涂着大红漆的家具，那上面都雕着好看的花，还有父母那张大大的睡床，上面布满了金色的花纹。这些都令他很新奇，但就是没有奶娘家的好。当然他做这些事，都是在没有人的时候。

小艾青最不习惯的是身上新换的衣服，上面挂满了丝和贝壳纽扣，走起路来别别扭扭的，更不敢随处躺到处坐。奶娘给他穿的那身软软的补丁衣服，也不知被他们丢到哪里去了。

坐在油漆过的高高的炕凳上，小艾青的脚沾不着地，他就想起奶娘家大门外长着青苔的"石椅"。

捧着细瓷碗吃软软的白米饭时，他就想起在奶娘家用惯了的酱黑碗。

看见那个自称是他母亲的女人，怀里抱着小妹妹的样子，他又会想到奶娘抱他的情景。

他想，以后再也没有谁来抱他、搂他、亲他、疼他了。

小艾青还有一件事情怎么也想不通："他们说是我的亲爹、亲妈，为什么只让叫'叔叔、婶婶'？"

那天,男佣把小艾青领进蒋家,首先便到堂屋拜见早已等候多时的蒋忠樽和楼仙筹。

看着面前这个有点不知所措的孩子,蒋忠樽两口子也有些心动,五年已过,化险为夷,海澄长得挺出息,当初选择大叶荷果然没错。

蒋忠樽想拉过孩子说上一两句亲热话,但脑中突然浮现出算命先生的模样。他想起算命先生的话,于是清清嗓子对小艾青说:"海澄,我就是你的父亲,以后要叫我'叔叔'",又指指身边的楼仙筹说,"她是你的母亲,以后要叫'婶婶',听见没有?"

小艾青点点头。

"叫吧!"蒋忠樽命令道。

"……叔叔……婶婶。"小艾青犹豫了半天才怯生生地叫了出来。

"好好好!以后就这么叫吧!"蒋忠樽满意地笑了,"海澄,你是蒋家的长子,今后要好生读书,才能继承祖业啊!"

"既然回来了,就要像个少爷样儿,改改在奶娘家养成的坏毛病,做个听话的孩子,以后会有出息的。"楼仙筹又补充了几句。

蒋忠樽接小艾青回家的重要原因,就是要让他读书。这个掌握了一定文化知识的新型地主,深知知识的重要性。

小艾青出生的第二年,中国爆发了辛亥革命,腐朽没落的清王朝走完了最后的路。

蒋忠樽是村里第一个剪掉辫子的人,他上学时受梁启超思想的影响,经常翻阅世界地图,喜欢气象学和《天演论》,还订阅了当时十分活跃新潮的《东方杂志》和《申报》。这些知识的源流对后来艾青的成长也产生了不可忽视的影响。

比起村里其他地主,蒋忠樽开明得多,他支持女人放足,不歧视女性,甚至能顶住宗族封建势力的反对,送女儿去读书。为了显示自己的维新身份,他给后来的两个女儿起了"希华""希宁"的名字,含有"民国早立,国道安宁"的希冀。

蒋忠樽还喜欢交友,在他的朋友圈内,既有退伍的陆军少将、镇子上的警佐、县里的县长之类的当官掌权的人物,又有省里中学的国文老师、大学学法律或经济的学生等儒雅之士。看书读报、品茗谈天几乎成了他一生的嗜好。有时雅兴上来,他也能挥毫泼墨地作上几幅字画,博得三五同好的声声赞誉。

在蒋忠樽的书房中,还挂着一副堪称人生座右铭的对联,上书:百年燕翼唯修德,万里鹏程在读书。

这副对联倒真正反映了他人性的两面性。

按理讲,深受新学和外来文化熏陶的他应走出去成就大事业。可是中学毕业后,蒋忠樽却一头扎回畈田蒋村,走上了"安分守己"继承祖业的老路。他的"新鞋"很快就被"老路"的石子磨破了,骨子中"保守、悭吝、中庸"的治家之道,又重新冒出来占了上风。这大概也是为什么他如此相信算命先生的话的原因吧。

6. 八面威风的关公画像

小艾青回家没几天就被父亲送到村中的蒙馆读书。这年他刚刚五岁。

私塾的先生是一位乡间秀才,开口之乎者也,闭口也者乎之,摇头晃脑,令人发笑。

他领着小艾青先拜了万代师表孔圣人,又拜了忠义之公关云长。

这家蒙馆是村中有钱人家合伙出资办的,学生也多是有钱人家子弟。

平时上课,一般都是先生领着背书,从"人之初,性本善"的《三字经》,到"赵钱孙李,周吴郑王"的《百家姓》,再到"天地玄黄,宇宙洪荒"的《千字文》,一路背下来,不加任何解释。

日子一天一天地过,小艾青很快就背得滚瓜烂熟,也很快就厌烦了。他曾经试着问先生,文中这些话是什么意思,先生却面孔一板道:"有什么好问的,日后自然便知。"

小艾青碰了个没趣，只好自己想办法打发时光。

有时上课背书，先生在前边打盹，小艾青就回过头去看后墙上的关云长画像，长长的胡子，红彤彤的脸，加上那把青龙偃月刀，真是八面威风。他尤其喜欢那大红大绿鲜艳无比的颜色。他想要是能把关公画下来该多好啊！

过了一天，小艾青从父亲的书房中翻出了一些颜料，又找了一张发黄的纸。上课时，他趁先生上厕所的工夫，七涂八抹地画了张关公像，然后很快地藏在了书中，先生回来时，他背书的声音比往常都要响亮。

艾青心里想："放学后他要把这张关公画像，送给一个他最想的人。"

放学了，艾青没有像往常那样回家，而是直奔村北的大叶荷家。

"奶娘，我回来了！"小艾青还没有跑进小院的门，就嚷了起来。

大叶荷丢下手中的活儿，还没有来得及迎出屋门，小艾青已扑到了她的怀里。两个人紧紧地抱着亲热了好一阵子。

"海澄，奶娘不是说过，不让你回来嘛，你怎么……"

"我给奶娘送画来了！"

小艾青没等大叶荷把话说完，很快地从书包里掏出关云长画像，塞在奶娘手里。

打开画，大叶荷的眼睛一下子亮了起来，她惊喜地问道:"是你画的?"

小艾青得意地点点头,说:"是我给奶娘画的。"

大叶荷激动地说:"澄儿画得好,真好,娘喜欢。"说着从锅里抠了几个米粒,把画贴在了灶膛边的墙上。

贴罢画又转身从小篮中抓了几把炒米糖放在小艾青的手上、兜里:"吃吧,今天刚炒的,算是奶娘犒劳你。"

小艾青见到奶娘欢喜的模样,真高兴,大把地吃着炒米糖说:"我还要画好多好看的画送给奶娘。"

大叶荷不敢让小艾青在这儿待太长时间,怕万一蒋忠樽知道了怪罪下来,所以等几个儿子回来与小艾青见了面,就督促他快快返回家去;又怕他一人回去不放心,便亲自把他送到离蒋家不远的地方,看着小艾青消失在那扇大门里才返回。

艾青的行动,父母没有发觉。

晚饭,他吃得格外香,蒋忠樽和楼仙筹看见了,都以为是儿子在学校学累了、放学后玩饿了的结果。蒋忠樽用筷子点着他说:"瞧瞧你,这么狼吞虎咽的,八辈子没吃过香米饭?没有点样子,成什么体统?"

"吃吧,有的是饭,能吃才能长个儿。"母亲道。

小艾青什么也不在乎,因为今天他心情特别好。夜里,他做了一个长长的梦,梦见自己画了好多好多的画,奶娘贴呀贴呀贴了一屋子,花花绿绿的。然后,奶娘就抱着他亲,没完没了地亲……

第二章

读书生活

7. 美术课上的"高材生"

小艾青才上了一年多私塾,村里就办起了一所初级小学,叫乔山小学。父亲有一天说:"海澄,明天别去蒙馆了,上新学堂吧。"于是艾青就每天去新学堂了。

这一年艾青六岁多。

在乔山小学,艾青觉得比读私塾快活多了。首先是不用每天看先生那张又冷又硬、青石板一样的脸,其次是用不着没完没了地背那些枯燥无味的"经"了。

他喜欢上课,老师讲了许多在奶娘那儿和在"叔叔婶婶"家都没听过的事和知识,还学算术什么的。

他也喜欢下课,同学们在学堂里或学堂外的空地上无拘无束地打闹,想怎么玩就怎么玩,想怎么嚷就怎么嚷。有时,小艾青会和小伙伴们生出许许多多玩的花样来,而老师很少限制他们,当然也有一个条件,就是上课时认认真真地听讲。

每天,小艾青都是最早到校和最晚离校的。父亲看到后对母亲说:"海澄是块读书的料,这么好学和刻苦,日后兴许能出息成大事!"

其实,小艾青是想躲开家中那种令人压抑的、陌生的环境。一回到家,他就心跳很快,总怕说话声大了,脚步走重了或什么事做错了,反正处处别别扭扭的,无论怎样做都不能让父亲高兴。在他的记忆里,几乎没有看到过父亲的笑脸。在学校就不同了,他像小鸟钻进了林子、小鱼游进了大海,一切都那么轻松畅快无拘无束。

小艾青喜欢上学还有另外一个原因,也是他自己认为最重要的原因,就是学校开了美术课。

这大概是他一天中最快乐的时候。

美术老师是一位很年轻很帅气的先生,小艾青真是打心眼儿里佩服他。他不但能画出一幅幅令孩子们惊叹不已的画,还能用那些看似不起眼的泥巴、树枝、石头、布片等乱七八糟的东西,制作出一件件漂亮神奇的工艺品。最叫小艾青觉得了不起的是老师亲手制作的"文房四宝",孩子们在教室中围着这几件高级的"宝贝"看时,眼睛里都放着亮亮的光。在孩子们中间,小艾青眼睛里的光自然是最亮的。

年轻的美术老师还有一绝,就是能画大张的"文明戏"的舞台布景。十里八乡远远近近上演"文明戏",都愿意请他画舞台背景,那栩栩如生的布景使台上演、台下看的人都精神了许多。

在美术课上，小艾青也是老师心目中的"高材生"。无论是画什么，做什么，这个貌不出众的学生都会超水平地完成，还时常有充满想象力地发挥。

有时，老师会把这个得意门生的作品举起来给班上其他的孩子们看："都抬起头来，瞧瞧蒋正涵同学的作品，画画、做东西，就是要有想象力。"凡是这种时候，老师都郑重其事地称呼小艾青的大名蒋正涵。每逢这时，小艾青心里总是暖洋洋乐滋滋的。

美术老师的熏陶和引导，使小艾青对绘画和手工艺制作着了迷。不光在课上、在学校，平时在家里一有时间他的手就痒痒，想画想做。

小艾青的心里有个秘密，那是他刚从奶娘家回到自己这个家时的事。一天，他无意中在母亲屋中发现了一个六角形七开的脱胎漆器点心盒子。那漂亮的外观和精细的工艺一下子吸引了他，世界上原来还有这样好看的东西。小艾青把盒子抱起来摸摸，又放下了。他知道这不是属于他的东西。于是，他决心自己做一个，漂亮盒子最终没有做成，但他却做成了竹节小水桶、青枣小花篮，以及能开门开窗的小木头房子。

小艾青还发现，做小玩意儿原来并不很难，而且材料随便、可挑可拣，不过他最喜欢的材料，还是红胶泥。以前在奶娘家时，他就常和哥哥们一起用红胶泥捏小动物，他虽然人小，却总是捏得又快又多又好。回到父母身边后，捏泥巴的事就很少做了，因为大人不许把家里弄得乱糟糟的。实在想玩泥巴，他也只能悄悄在自己屋中玩，玩完了要把桌上地上收拾得干干净净。

一次，小艾青又手痒痒了，就躲在自己的屋中捏泥人。他用红胶泥捏了个人头，五官俱全。捏好了拿起来左瞧右看总觉得不过瘾，要是能让泥人活起来该多好啊！小艾青灵机一动，立刻找了根小木棍，在泥人头的眼睛、鼻子、耳朵、嘴的地方都扎上了洞，然后又打开书包，拔下个毛笔帽插在泥人脖子上，笔帽连通了五官的小孔，他又点了根烟，深深地吸了一口，顺笔帽吐进去，烟奇迹般地从各处的小孔中冒了出来，他忘了这是在家里，高兴地大叫起来："看，来看呀！泥人头好神气呀，七窍生烟啦！"

儿子的"创造"并没有得到父亲的鼓励和支持，反遭到一顿严厉的斥责："不好好读书，整天鼓捣这些个泥巴，干些下贱工匠们干的活计，以后能成什么大事！"

父亲气得声音都变了，不许他以后再玩泥巴。

可是，小艾青始终管不住自己的手，他也弄不明白，画画和做小工艺品为什么会对他有那么强烈的吸引力和诱惑力。为此，他没少挨父亲的骂和打。

面对"积习难改"的儿子，父亲失望至极也愤怒至极。难怪算命先生说他的命"硬"，如今真的尝到滋味了。

一天，父亲把儿子叫到跟前说："我看你干脆别念书了，到贫民习艺所去学艺算了！"

贫民习艺所是一所工艺美术作坊,在那里当学徒是非常苦非常累的,多是上不起学的孩子才到那里去学艺,用自己的劳动和汗水,学一些生活的技能来糊口。

蒋忠樽说的只是气话,儿子的命再"硬",他也要把他扳过来,如今虽然已得三个孩子,但海澄下面是两个女儿,继承家业、弘扬门风无论如何是要靠儿子的。对于海澄这样的儿子,他只相信一点:棍棒底下出孝子。

8. 一泡乌鸦屎

1919 年 9 月,九岁的艾青转到傅村镇育德小学念高小。育德小学是一所私立学校。傅村镇离畈田蒋村三里地,每天上学下学,艾青总有许许多多有意思的东西可看。

妹妹也到了上学的年龄,父亲就让艾青每天带着妹妹去上学。让女孩子读书的举动,引来村里人议论纷纷。一天早晨,小艾青领着妹妹去上学,路上碰到一位同族的伯父,两个孩子礼貌地向大人打了招呼,而这位伯父却用嘲笑的口气对路边的人说:"看啊,公狗在前边走,母狗在后面跟着,成什么体统!"

伯父的话钻进他们的耳朵,气得两个孩子整整一天噘着小嘴,没有好心情。晚上回来,两个孩子把白天的事告诉父母，母亲很生气，父亲却平静地说："不去管那些胡言乱语，你们专心读书就是了！"

进育德小学时，中国刚刚爆发了五四运动。小艾青的课本里也有了反帝反封建和民主科学方面的内容。他很喜欢这些新鲜的东西，不管是哪一门课，他都学得不吃力。过剩的精力和时间，便用在他痴迷的画画上了。

育德小学上课的方式与乔山小学不同，采用的是复式班的教学，一个教室里有两个不同年级的班。先生给这个班上课时，那个班就自习。给那个班上课时，这个班就自习。

艾青很喜欢这种上课的方式，先生给另一个班上课时，他就悄悄地在下面捏小玩意儿。有时候，他高兴起来就在作业本上刷刷地给先生画像，画得很逼真。

这种事有几次被先生抓住了，于是等着他的便是责备体罚。因为屡教不改，先生告到蒋忠樽那里，艾青没少受皮肉之苦，却依然"老毛病"常犯。

当然，画画、做工艺品也有让小艾青骄傲的时候。

有一次，他去教会学校看望妹妹希华。看罢，妹妹送他走，刚出校门就听后面远远的有人喊："蒋海澄，下次给我们带几张画来！"

艾青回头看，两个女学生拉着手蹦蹦跳跳地跑进了校舍。

"她们怎么知道我画画？"艾青问妹妹。

妹妹告诉他，两个女同学是她的好朋友，曾跟她一道看过镇子上学校举办的绘画联展。希华把展览中哥哥的作品指给她们看，几个女孩子都非常喜欢。

以后艾青去妹妹学校，总忘不了带上几幅画，让妹妹的几个同学咿咿呀呀地高兴一番。

艾青得意地说："下次我带来的画会更好看！"

在育德小学，艾青的图画课和美工课成绩始终是班上乃至年级最好的。学校每年举办画展，都少不了艾青的画。

除了美术，他对语文课也很有兴趣，作文也常常得到老师的夸奖。有一次，学校里举行作文比赛，推选出三篇最好的作文。艾青的作文《百闻不如一见》便是其一，另外两篇中有一篇是同学吴晗的。这位后来的大历史学家，是艾青的童年好友，他的外婆家也在畈田蒋村。

艾青美术上显露的天赋，没有得到父亲的爱护和培植，反而令蒋忠樽分外反感。他始终认为画画这类事，只是大人们附庸风雅的闲事，小孩子读书时用心于此道，只会荒废学业，虚度光阴，若不及时加以制止，必后患无穷，悔之莫及。

这样一来，父子俩的矛盾便愈加激烈起来。艾青常常因为一点小事招来父亲的盛怒，轻则挨骂，重则挨打。

对于这种无端的打骂，小艾青只是默默地忍受，却从来不肯屈服。越是不屈服，父亲打骂得越厉害。

一次,小艾青正在家里画画,父亲怒气冲冲地闯了进来,见到艾青就叫道:"你这个小克星,我们蒋家恐怕这辈子要倒霉在你身上!"

艾青不知道父亲为什么突然发这么大的火,又为什么翻出"小克星"的事来。

"你还站着干什么?还不赶快拿上这个碗去给我讨七家的茶回来!"父亲把一只木碗伸到艾青面前。

原来父亲在回家的路上,一只乌鸦飞过头顶,不偏不倚地将一泡屎拉在了父亲的头上。这本来是件偶然的事,父亲却立刻联想到当年出自算命先生之口的"克星"之语。早不拉晚不拉,偏偏我蒋忠樽走过的时候拉,世界上哪有这么巧的事,这不是晦气临头的预兆吗?

蒋忠樽的书没有白读,他忘了从哪本书中看过,用七家讨来的茶清洗,就可以免灾消晦。当然,还必须以木碗盛茶。他想这晦气既然是倒霉儿子带来的,就必须让儿子去为他讨茶冲晦。

小艾青根本弄不清父亲进门为什么发火,更弄不懂为什么非要让他拿着木碗去挨门讨茶。他站在那里看看眼前的木碗,又看看满脸红涨的父亲。

"你还发什么呆,没听到我的话吗?赶快去给我讨七家茶来!"

气急的蒋忠樽几乎跳将起来。木碗边抵住了儿子的鼻尖。

"我不去！"艾青执拗地把头撇向一边，无论家人怎么劝也纹丝不动。

"什么？你不去，还敢顶嘴！"蒋忠樽暴跳如雷，一边嚷着，"我叫你不去！"一边狠狠地将木碗扣在了儿子的头上，立时，一股鲜血顺着碗沿流了下来。

"要死了！要死人了！"祖父的小老婆吓得嚷了起来，拉起仍倔强地杵在那里不动的小艾青往边上的屋里跑去。

母亲楼仙筹扑上前抱住仍在发作的父亲，才使儿子免受了更大的灾难。

事后母亲埋怨父亲，你怎么能下手那么重呢？教训一下也就算了。父亲无奈地说："你没有看到他跟我作对的样子，简直是个不孝的逆子啊，你让我对他怎么办？"

艾青被继祖母拉回了屋，家人们手忙脚乱地为他洗伤包扎，继祖母心疼地劝说："你呀！干吗那么死心眼，你照父亲的话去做，哪里会挨这么重的打。"

楼仙筹也觉得丈夫这次做得太过了。她亲自下厨煎了两个鸡蛋给儿子吃，看到小艾青大口大口地吃着，就问："好吃吗？"

"好吃！"艾青点点头。

"再让父亲打你一下头，我再煎两只给你好不好？"母亲又好气又心疼地嗔道。

"好！"艾青想也不想地回答。

"唉！你这个孩子啊，真拿你没办法！"母亲无可奈何地摇摇头。

艾青的不服使他多挨了父亲的许多打骂,但孩子永远是孩子,内心深处那种活泼好动的天性,永远无法彻底压制下去。

一年冬天,小艾青领着妹妹在外边玩。因为天冷,母亲让他们一人捧着一个小火罐烤手。火罐中放着红红的木炭,抱在怀里暖和极了。

艾青手巧胆大,突然想出了个玩的新花样。他迅速把火罐翻了个360度的个儿,罐中红红的炭,竟然没有掉出来一点儿。周围的小伙伴们见了都叫起好来,有的胆子大的也学起来。

妹妹见哥哥和小伙伴们都玩得开心,也学着转起火罐,谁知手忙脚乱地才转了半圈,罐中的炭火就掉了出来,落在了身上和衣领里。火星溅到脖子上针扎似的痛,妹妹丢掉火罐大哭起来。

回到家父亲母亲看到女儿烫烧的脖子和满面的泪痕,不问青红皂白地打了小艾青一顿。很少打他的母亲,这次也动了手。小艾青不叫不躲,硬是咬紧牙关顶了下来。

9. "贼父打我!"

父亲的"暴君"行为和家里的沉闷气氛,使艾青更加渴望到大自然中去呼吸新鲜空气，寻找生活乐趣。

只要有时间有机会，他就和几个好朋友到外边去玩。不过，他也吸取了教训，尽管很喜欢妹妹们，却很少带她们了。

他们喜欢去村西半里多路的西周村，因为村头有两棵好大好大的老樟树。艾青和小伙伴们手拉手地想把树围起来，八九个人都围不拢。艾青觉得，那遮住了半个天的树冠是一把撑开的巨伞，只要站在"伞"下，什么妖魔鬼怪都不敢来；而地面上那些弯曲粗糙盘枝错节的树根，就是龙爪和无数其他动物的爪。他有时会雄赳赳地骑在隆起的树根上，像骑着战马的将军。

在艾青的心目中，老樟树俨然是两位庄严无比的长者。他用画笔描绘过它们，也坐在远远的田埂上久久地望着它们遐想。直到艾青的晚年，这两棵老樟树仍不时把他拉回到童年那些充满了酸甜苦辣和欢乐风趣的岁月中去。

小艾青还喜欢另外两棵老态龙钟的罗汉松。它们在畈田蒋村东面两里多远的禅定寺内。艾青他们不知道这座古老的庙宇建自何时，反正是很古老很古老了。寺中那些大殿上飞扬的檐头和亮闪闪的琉璃瓦十分漂亮。前院后院古木参天，即使是响晴的天，走进寺中也有种阴森森的感觉。所以每次去寺中玩，小伙伴们一定会结伴而行。

艾青和小伙伴们也会在没人的时候，悄悄地跑到大殿中转上一转，那一尊尊佛像奇形怪状，他最喜欢一尊弥勒佛，笑佛两边挂着一副对联，上书：

大肚能容天下难容之事
笑脸笑遍人间可笑之人

每看这副对联，小艾青都想拍手大笑，不知是什么人给这尊弥勒佛想出这样绝妙的评语。

如果赶上秋高气爽的好时节，他便约上几个好朋友去爬村西北不远的杨乔山，先是发疯似的往山上跑，然后就看那满山火一样红的枫叶。艾青告诉伙伴们说："咱们是在火烧云里穿行。"玩够了，每人又捡了一大把好看的红叶带回来做书签。过些日子，枫叶书签做好了，艾青就拿出来分给妹妹们，她们高兴极了。

在艾青的心目中还有一位更伟大的"巨人"，那就是双尖山。推开家里楼上的北窗，就可以看到它。因为离村较远，艾青没有去过。家里人也不准他去。他想：那座云雾中的大山一定有着神奇的故事，等他长大了，一定和打柴的人去爬爬，他真想知道山那边的世界是什么样的。

夜里，睡梦中的他还真的攀上了高高的双尖山，站在山顶向着村里的小伙伴们招手，第二天早上醒来才发觉是梦。

双尖山在艾青的心里永远占据着崇高的位置，日后数十年中，艾青浪迹天涯见过无数的高山峻岭，但最高最大最巍峨的永远是家乡的双尖山，因为那是他生命的摇篮。

艾青在育德高小读书的几年收获是很大的。除了美术上的提高，他的作文在学校里也一直名列前茅。

1924年高小毕业这年，老师给大家出了这么一道作文题，要求同学们把唐代大诗人杜甫的长诗《石壕吏》改编成一篇散文。结果艾青改编的作文令老师击掌叫绝，立即被贴在了墙报最醒目的位置。

父亲知道了这件事，也对艾青有些刮目相看，原来这个一心只想画画的儿子并非他想象的那么糟糕。这一年，还发生了几件事，让他对以前的所作所为有些反思。

第一件是艾青写纸条的事。

那次因为一件什么事，蒋忠樽痛打了儿子，并罚他面壁思过。

晚上睡觉前蒋忠樽在抽屉中发现了一张纸条，上面是儿子写的四个字："贼父打我！"那个重重的"！"像一把重锤猛敲在蒋忠樽的心上。起初，他想发火，可不知为什么却火不起来。那天夜里，蒋忠樽翻来覆去睡不着，眼前老是闪着儿子纸条上的那四个字。经历了一夜的折腾，他只弄懂了一件事：海澄十四五岁了，今后再不能打他了。至于为什么，他一时还没想出来。

小艾青已做好了挨打的准备，可迎来的却是父亲的根本转变，本来他只是一种忍无可忍的反抗，结果这次反抗，竟使他从此免受皮肉之苦。

第二件是艾青的奶娘去世的事。

1924年大叶荷因病去世了。

蒋忠樽没有想到奶娘的死给小艾青带来了如此大的悲痛。

大叶荷死时,小艾青并不知道,他正在育德上学。一切都是别人告诉他的。

据说大叶荷死前一直轻轻地呼唤着乳儿的名字。五个大大小小的儿子,围着吃了一辈子苦没享过一天福的母亲悲痛地哭着,连平时老是喝醉酒打她骂她的丈夫也哭得失了声。

含辛茹苦了四十多年的大叶荷,离开这个世界时两手空空,她得到的只是四块钱的薄板棺材和几束干稻草,以及几尺大的墓地和一小把纸钱的灰烬。

大叶荷是做着乳儿成人的梦走的。

得到奶娘去世的噩耗,小艾青立刻落泪了,但他没有像几个哥哥似的放声大哭,而是无声地流泪。一连数日,艾青都在沉默中度过,全没了往日的欢乐。

蒋忠樽弄不明白,一个五岁就离开了奶娘的孩子,怎么会对一个穷奶娘有如此重的孝心,他想,这种感情要能用到他的亲父母身上该有多好。

第三件是艾青小学毕业的事。

艾青小学毕业时考作文,老师出的题目是《苦旱记》。同学们先是对着题目大眼瞪小眼地不知如何去写,继而便开始根据各自的想象胡诌。南方多阴雨,从来都是涝多旱少,谁见过旱是什么样呢?

看到周围同学们匆匆地动笔,刷刷地写着,艾青没有动笔,他也是从记事到现在没见过旱灾,况且还是苦旱。不知道的事不能瞎写。艾青收拾起纸笔,不愿再在考场混时间,交了张白卷,跑了。

这张作文卷,使艾青没能考上中学,父亲知道后,把他叫到跟前,狠狠地训了一顿,好在没有再重开"杀戒"。

蒋忠樽慢慢地感觉到艾青这个孩子有些与别的孩子不同的地方。小学进行童子军训练,他看不惯,认为老师粗暴蛮横,就敢在教室黑板上写:"童子军三条纪律是吹牛皮、拍马屁、吊膀子。"

中学发榜,榜上无名,蒋忠樽绝不能让儿子没有学上。世上千般事,唯有读书高,他决定送艾青到乡下一位相熟的老先生家补课:"海澄,这个暑假你可要多下点工夫,没有知识,日后是不可能出人头地的。"

在老先生处,艾青整天读《左传》,他感觉怎么好像又回到读私塾的时候去了。

对于朋友交代的事,老先生算是恪尽职守,每天不厌其烦地给艾青讲课,也不管听者是否有心。

好在除了读书,乡下并不枯燥,这个假期艾青画了不少画。他还是以前的脾气,一投入大自然的怀抱就把一切烦恼和不快都丢到脑后了。

回家前，老先生检查学生的学习成果。一考，发现不争气的学生只记住了一句话："郑伯克段于鄢。"

先生捋髯摇头叹息："唉！孺子聪明伶俐，然不可教矣！"

过完暑假，为了让儿子来年能考上金华七中，蒋忠樽把他送到县里的长山小学补习了半年功课，第二学期又转到金华县立师范附属小学读了半年，为1925年考上中学做充分的准备。

第二年夏天，艾青又一次参加了中学升学考试，这一次，他吸取了头年交白卷的教训，认认真真地答题做作文。

考罢回到家，蒋忠樽仔仔细细地询问了考试经过，从儿子对待考试的态度看，他觉得这次肯定没问题，但因为有前次的教训，心里到底不是十分踏实，一边不时去找熟人打探消息，一边督促儿子仍抓紧读书。

发榜之日，蒋忠樽在160名招收学生名单中，看到了"蒋海澄"三个字，才把心彻底地放到了肚子里。

10. 恩师张书旗

金华七中是省立中学，用今天的话说，相当于金华的最高学府了。学校创建于1902年，前身是丽正书院，后

经金华知府决定,改为中学堂。

金华七中的校址是前太平天国的重要遗址——侍王府。

这座侍王府是1861年太平军攻克金华以后,忠王李秀成的弟弟李世贤建造的,是他本人的府邸。

侍王府是金华县城中的一景,规模宏大气派的古建筑群使后来出出入入的学子们也显得身份不凡。

府中保存的大量砖石雕刻、木雕壁画、彩画等艺术文物,又为这座学府平添了优雅浓厚的艺术氛围和历史积淀。

少年艾青真高兴,能进入这样一所理想的中学读书,在历史和现实的经纬线上驰骋思维,简直是太好、太棒了!

上小学时,艾青的各门功课都不错,只是因为一篇《苦旱记》的作文,才使他第一年考中学落榜,如今终于踏进七中的校门了。

或许是对形象有着独特的感受,在中学开的所有课程中,少年艾青还是最喜欢美术,其次便是语文。坐在敞亮高大的教室里读书听课,心里那种感觉是难以用语言表达的,有时他的思维伴着琅琅书声在教室中盘旋,有时他的思维又随着手上的笔飞出窗棂冲向蔚蓝色的天空、绿色的原野、黛色的山峦和火炽色的枫林……

艾青喜欢上作文课,但不喜欢呆板地做文章。

一次上作文课，老师出的题目是《自修室随笔》。同学们多写读古书的感想心得方面的内容。艾青却别出心裁地写了一大通反对念文言文的文字，其中引用了许多胡适、鲁迅的话。艾青给这篇作文起了个得意的名字《一个时代有一个时代的文字》。

交卷时艾青心里挺得意，认为肯定能博得老师的称赞。没想到作文判完发回来，老师却写了这样的批语："一知半解，不能把胡适、鲁迅的话当作金科玉律。"

艾青想不通，反复看了好几遍老师的批语，越想越气，拿起笔在批语上打了个大大的叉。

对于艾青的举动，事后老师并没有追究，只是看着那个"大叉"摇了摇头。

几十年过后，艾青已是一位饱经风霜和饱尝人世间酸甜苦辣的著名诗人，回想起当年的往事，仍感慨万分地说："老师的批语并没有错。"

在金华七中，艾青的绘画才华得到了充分的培养和发挥。远离了沉闷的家，没有人再看到他画画就皱眉头拉长脸。他想怎样挥洒手中那支画笔，就怎样挥洒。

艾青很幸运。幸运的是，他一上七中就遇到了一个很好的美术老师。这位老师叫张书旂，在国画、书法和篆刻各方面都很有造诣。艾青喜欢上他的课，喜欢看他的书画作品，更喜欢看他作画，那简直是一种享受。有时候，艾青也会被张老师的笔带进画里去，而且是不知不觉间，他觉得这有点神奇，有点玄妙。看老师画画写字时，艾青的手痒痒心也痒痒，这也使他的绘画兴趣越来越浓。有很长一段时间，他几乎把课余的所有光阴都给了笔、墨、颜料和纸。

艾青非常尊敬和信服张书旂老师，这不仅仅因为他画画得好，课上得好，人品也好，还因为他是书画大师吴昌硕的弟子。

吴昌硕是艾青心目中的偶像。艾青是到七中后才对吴昌硕有了较多的认识和了解，当然主要是从张书旂的口中得知的。上张老师的课，你会不时地听到他吾师、吾师地提到吴昌硕的名字，仿佛"吾师"就站在他的身边。

从张书旂的授业中，艾青知道了吴昌硕学画甚晚，已四五十岁才画，然而不画则已，一画惊人。

"吾师虽画画较晚，然艺术功底却是深厚的，早年开始习书篆刻，这些艺术积累是他绘画成就之'捷径'。"

艾青懂得，老师讲的"捷径"，绝非投机取巧，而是路走得正，基础打得牢。他没有见到过几幅吴昌硕的画，但他想象得出吴昌硕画中的金石气和书法的笔意。这算不算是一种心有灵犀呢？

有几次，艾青看张书旂老师的画，同样也品出了金石味儿，那笔墨中的神韵令他倾倒和遐想万千。

对于艾青的美术才华，张书旂也是颇为得意的。受人赞扬是一种享受，而发现人才同样是一种享受，甚至比别人说自己如何如何好更惬意。

张书旗打心眼儿里喜欢这个学生,平时课上课下也会多关照他几句。张书旗觉得,艾青不但有很好的绘画基础和对美术的感觉,而且很有灵气,这个灵气可不是每个想画画的人都有的。

初中的几年,艾青对绘画达到了痴迷程度。

有时上别的课,他会听着听着,脑子便转到画画上去了。有一次在课堂上,他画画的瘾上来了,手痒痒得厉害,心里像猫挠一样难受,如坐针毡。老师讲着课,发现他的不正常表现,问:"蒋海澄同学,你是不是有什么地方不舒服?"

"我……"艾青一下子有点不知所措,周围那么多双眼睛在看着他,他突然灵机一动说:"老师,我,我要去厕所!"

同学们哗地笑了。

"去吧,以后课间把这些事都处理完。"

艾青不等老师话音落下已抓起纸冲出教室,顺手抓了两支铅笔。

跑出教室,艾青的心一下子就舒畅了。他都弄不清刚才那一刻,怎么会灵机一动想出"上厕所"的借口来。这样做似乎有点对不起老师,但面对外面的世界,他也顾不得了,这一天他画得痛快极了。

在整整三年初中生活里,以这种借口出来画画,他用过好几次，不知道老师是真的以为他上厕所，还是有意给这个迷画的孩子去放放风的机会。

艾青最盼望过寒暑假，因为每年这两大块时间都属于他自己，他可以自由支配和安排。

暑假里，回到畈田蒋村，他又看到了父亲那张沉沉的脸，不过随着年龄的增长，父亲已改变了不少。好在不是整天憋在家中，他可以早出晚归地到外面去写生，反正可以入画的地方数不胜数。当然，最吸引他的还是去杨乔山和禅定寺写生。去写生时，他会拉上儿时的朋友。艾青家隔壁住着一个叫成功的孩子，这位艾青少年时的伙伴，却没有艾青幸运，因家贫上不起学，只能早早地干上农活，艾青每次回家，都少不了找他玩玩、聊聊。有时，他会陪艾青去外面写生，常常默默地立在艾青身后看他作画。成功不懂画，可是艾青画到得意处总爱问成功："你觉得怎样？好看吗？"每逢此时，成功就伸出拇指夸奖："真棒，棒极了！"艾青知道他并不是讨好他，而是发自内心的。

成功不可能天天陪艾青出去写生，他还要为生活而流汗。有几次艾青去叫他，他很不情愿地拒绝了。望着他，艾青有些失望又有些怜悯。他为什么就不能上学，不能跟自己一样去干自己想干的事呢？

后来每次回家，艾青发现成功渐渐地与他疏远了，出出进进遇到，只是客气地与他打个招呼。艾青主动上前搭话找话，成功也至多回答一两个字。而且对艾青谈论的一些自认为有意思的事,成功的反应往往很冷淡,引不起什么兴趣。只有回忆儿时在一起时的往事,艾青才仿佛从成功的眼中看到一丝亮色。

艾青终于还是失去了这个儿时的伙伴,成功为了家里的生活去当了店员,后来死在日本飞机投的炸弹下面。

寒假回家,艾青喜欢到山上去画雪景,妹妹也喜欢雪,便常跟着他一起去。在南方能见到雪是不易的,所以只要下雪,艾青是绝不肯轻易放过的。

画画使少年艾青从许多烦恼和不顺心中得到解脱。他也用画为别人解脱痛苦。

一次,艾青听家里人说,一个舅妈很可怜,被舅舅无端地抛弃了。他从小尝过被亲人抛弃的滋味,非常同情舅妈的不幸遭遇,于是认认真真地画了一幅画送给舅妈,他在画上画了一位古代仕女,又工工整整地题上"试问海山今夜月,不知何处照人圆"十四个字。

舅妈拿着这幅画看了良久,眼泪落了下来,她没有想到年龄不大的外甥竟有这么一颗充满感情的善良的心。之后的多少年,舅妈一直珍藏着这幅画,孤独时便拿出来看看,使自己寂寞的人生有了些许温情和暖意。

11. 城里来了北伐军

画画可以使艾青暂时忘却一切烦恼,而沉浸在美妙无比的世界中，但一放下画笔，现实生活的种种不如意又涌了上来。

现实远不及想象中的美好。

在金华，十五六岁的艾青忽然会觉得自己是个"流浪汉"，无目的地在繁闹的都市中蹒跚游荡。街上漂亮的房子，趾高气扬的有钱人，出入珠宝店的女人，琳琅满目的大商场……一切一切都使艾青这个来自乡下的孩子觉得不公平。这里的所有都与贫困的山村形成鲜明的对比。农民为什么就那么苦？他有点明白了村里的青年人出来后就不愿意再回去的原因。

下了课放了学，不去画画的时候，艾青喜欢去街上转转走走，走累了就迈进一家小酒馆坐坐，要上一碗黄酒一小碟小菜，慢慢地喝，慢慢地想。他更多的时候会思念家乡，思念那些想念的人。有时会很孤独，觉得城里的世界离他很远，可是如果让他再回乡去过那种封闭的农村生活，他又绝对不愿意。城市的一切已使他的心像鸟儿一样飞上了辽阔无边的天空。他清楚地知道：他讨厌城市却离不开城市，他想念乡村却不愿回乡村。这种矛盾的心理时常折磨着他。

艾青很看不起学校里的那些富家子弟，虽然他自己的家在乡村里也算是个富户。他倒是极同情街头巷尾那些衣衫褴褛的穷苦人，愿意跟他们打交道。他曾经想过，这个世道要能像他画中的美丽景色就好了。平时听到同学们在一起议论世间混乱和不平之事,他曾经想过,去深山中当一名仗义的强盗,专抢有钱人,专杀欺弱的恶棍,专交《水浒传》中梁山泊式的犯人和英雄豪杰,建一个没有人称霸、没有人要饭的"桃花源"。但这些终究只是想象而已。

1925年上海发生了"五卅"惨案,全国震惊愤怒了。金华各界人士纷纷声讨帝国主义和走狗们的血腥屠杀。

金华七中的学生们成为爱国反帝斗争的先锋。

那天,艾青和同学们一道,举着亲手制作的各色小旗和标语横幅,走上街头游行示威。沿途的群众也不时地加入进来。大家振臂高呼反帝口号,抵制日货、英货,收回租界,废除不平等条约,洗雪国耻……一路下来,艾青的嗓子都喊哑了。

示威游行的队伍路过金华大桥、梅花门、船埠头等地,学生们检查了许多商店铺子,发现有些商人仍在经营"仇货",愤怒的学生冲进店中,捣毁了铺面招牌,又把几十箱洋货抬到沙滩上点火烧掉。大家围着火堆呼喊着口号。

晚上回到学校,艾青的心里痛快极了,他认为这种轰轰烈烈的行动,正是他所需要和追求的。白天,他和同学们还捣毁了金华的"禁烟督察署",大家早就耳闻这个"禁烟"衙门实际上是一个贩卖鸦片、毒害民众的最大窝点。没有什么能比得上看着那些平时张牙舞爪得意忘形的禁烟官们，对着学生们低头认罪更有趣的事了。艾青和同学们喊道："你们还敢不敢再用鸦片害人了？"

"不敢不敢，一百个不敢了！"那些家伙灰头鼠脑地急应着。

"如果今后再犯，我们就要你们的狗命！"

艾青和同学们被一种前所未有的力量激励着。

同学们之间开始越来越多地传阅各种进步刊物。艾青也成了如饥似渴的读者，他喜欢《新青年》《洪水》《创造》《向导》等杂志。那段时间他画画得少了，一有时间就捧着刊物读，遇到精彩之处，也顺手抄上几段。

一天，艾青从同学手中得到一本薄薄的油印小册子，书名是"唯物史观浅说"，同学告诉他，这是本地下书籍，不能让校方知道。书中的内容他有许多看不懂，那些新鲜的名词和概念却有着磁石般的魅力，吸引着他。他第一次知道了世界上有一种观念叫"马克思主义阶级斗争观念"。他隐隐觉得，这个观念好像与自己的命运有着紧密的关系，与大叶荷奶娘、父亲、成功、街头巷尾的乞丐都有关系。他奇怪，这个叫马克思的外国人怎么会知道中国的事情？

1926年12月，北伐军占领了金华。

进驻金华的北伐军在全城人的夹道欢迎下，开进金华七中的大操场。艾青和同学们早早就在操场上等待。队伍雄赳赳地开来时，艾青看见前面一个大个子军官打着旗帜，旗上写着：国民革命军东路军二十一师第一团。

会场的主席台上，第一团的长官激昂地讲了许多北伐的意义，接着又有当地的重要人物致欢迎词，最后台上台下军人民众共同高唱《国民革命歌》：

> 打倒列强，
>
> 打倒列强；
>
> 除军阀，
>
> 除军阀；
>
> 国民革命成功，
>
> 国民革命成功；
>
> 齐欢唱，
>
> 齐欢唱。

这歌声在操场上久久不散，所有的人都觉得革命要胜利了。

艾青早已会唱这首歌了，从 1926 年 7 月 4 日广东国民政府发布"北伐宣言"，到 7 月 9 日出师北伐，再到今天，几个月中这首歌已成不胫而走的最流行歌曲，当然今天和北伐军一起高唱的感觉和心情是不一样的。

艾青有一刻觉得，自己已融入了这北伐的滚滚洪流，成为其中的一员。

结束后，他和另一位同学迟迟不肯离开操场回教室。

"两位同学,你们为什么还不回去上课?"两位年轻帅气的军官看到他们不离开,走过来问道。

"我们能加入北伐军吗?"

"现在?"

"现在!"

看到艾青和另一个学生天真执着的样子,两位军官笑了:"你们年龄还小,应该多学点知识,将来为国出力的机会很多。再说,当兵是要打仗的,打仗会死人的!"

"我们不怕死,为国为民捐躯是最大的光荣!"

两位年轻军官,被两个学生的话感动了,相对看了一眼,说:"既然你们这么想当兵,我们就请你们去看看军人的生活吧!"

艾青和同学高兴得跳了起来。

在北伐军驻地,艾青他们可算是饱了眼福,第一次真正知道了什么是军人生活。艾青还亲手摸了枪。

参观完北伐军驻地,天已近午,两位军官又请两个学生去吃香喷喷热腾腾的小笼包子,不知是真的饿了还是心里高兴,艾青觉得这顿小笼包子比以往任何一次吃得都香。

饭后,两位军官又牵来两匹马,说:"走,咱们到城外去逛逛!"

艾青和同学看看两匹高头大马,为难地说:"我们可不会骑马呀!"

"这事简单,来!"两位年轻军官一人一个把他们托上马鞍,又偏腿上马,一马二人带上他们向城外驰去。

在马上艾青才知道,两个军官是带他们去查看地形。

艾青看到自己能为北伐军做点事,内心格外高兴。大半个下午,他们尽其所能带领年轻军官在城周围转悠,年轻军官们自然也少不了讲了许多战争的事。直到快吃晚饭了,艾青和同学才返回学校。

12. 十八岁的梦

北伐军在金华只是打尖似的驻了几天,便离开金华参加新的战斗去了。

艾青一下子像少了点什么,他上课无心,画画也无心,老是想着当兵的事。

他记得那天看地形时,其中一位年轻军官说:"你要是真想成为军人,就去广州报考黄埔军校。相信你会实现自己的梦的。"

为了这个梦,艾青决定回家去说服父亲,一个周末他赶回畈田蒋村,路上下决心要说服父亲资助他,可踏上村中石板小街的路面,心里就有点打鼓了。迈进那座熟悉又陌生的高墙门槛,艾青使劲鼓了鼓勇气。

"叔叔,我想去广州上黄埔军校。"艾青对父亲请求道。

父亲的眼睛先是被儿子的想法惊得大大的,半天才从艾青的脸上转至高高的顶棚。

"叔叔,我真的想……"

"你回来只是为这事?!"父亲不让艾青再往下说。

艾青点点头。

"家里供你上学是为了让你学了本事来继承祖业,我看你还是打消念头,好好念书吧!"

父亲说完这话便沉默地坐在那里喝茶。无论艾青下面再说什么,他都不作回答,权当没有听见一样。

母亲也劝艾青:"海澄,父亲是为你的前途着想,天下这么乱,你跑那么远的地方去考什么军校,使枪弄棒的不会有多大出息。"

艾青得不到父亲的同意,也就得不到经济上的资助,没有路费连金华都出不去。他只好遗憾地放弃了"广州之梦",回校去读书。

1927年春天,发生了四一二反革命政变,蒋介石翻脸后大批革命者在他的屠刀下流尽了鲜血。金华城也笼罩在一片白色恐怖之中。

艾青和同学们都看到前一时期活跃的共产党人和学生领袖被抓走,被枪杀。

金华七中也是当局重点"关照"的单位。上面重新任命了校长,他的到来加强了对学生和教职员的管束。不久,又制定了新的校规,一条一条,不许这样,不许那样。处于这种沉重压抑的大环境中,学生都是敢怒不敢言。

进步报刊不见了,有的同学偷偷传阅进步报刊,不知怎么传到校长耳中,第二天便被校方开除了。学生之间有了戒备之心,不知谁一句什么话说不好,就会惹来杀身之祸。

一天清晨,学生们刚刚起床,学校内就响起了尖厉的哨音,有人在外面叫着:"同学们都到操场集合,校长要训话,室内不准留人。"

各班的人都集中于大操场上,教师组织清点人数。可是大伙儿在操场上等了半天,校长才慢慢腾腾地来到。

有同学悄悄告诉艾青,听说让咱们都到操场上来是为了"调虎离山",以便派人检查学生宿舍,因为有人报告校方,学生宿舍里有人暗地里传看赤色印刷品。

艾青听了后立刻觉得坏事了。他有一本正在翻着看的油印小册子《唯物史观浅说》,还压在枕头下边,万一让人翻出来,后果不堪设想。他待不住了,谎称要上厕所小便,跑离操场,在厕所边一转,又朝宿舍跑去,远远看见检查的人还没有翻到他住的宿舍。艾青不敢从前门进屋,如果走前门,让他们堵住,正好是此地无银三百两了。他忽地想到宿舍的后窗户正对着他的铺,而枕头位置刚好在后窗下边。早晨他起床后特意打开了后窗通风。

房后无人，艾青跑到窗下，伸手往里一摸，便摸到了枕下的书。他迅速将书放进怀里，扭身返回厕所，找了处阴沟把书丢了进去。

书沉入污水中，艾青的心才不那么怦怦跳了。他拍拍身上的土，从容自若地回到操场上的队伍中，前边校长正在大声训话，可讲的是什么，艾青一句也没有听进去。

及时处理了油印小册子，使艾青化险为夷，但形势和严峻气氛造成的阴影却蒙在他的心上难以拂去。

革命如同一场暴风雨，猛烈而来，倏忽而去。恐怖和悲哀使一个年轻学生的心像一只失去了篷帆的小船，在茫茫大海中漂荡浮旋。这种不安和迷茫使艾青沉默了。他又想拾起放了好一阵子的画笔，寻找那种脱俗超世的感觉，但却无论如何难以找着了，那画笔、那颜色总是不由自主地寻觅时代的印痕。

1928年春夏之交，艾青在七中已度过了近三个年头，再过些日子，就要毕业了。大概是想缓解学校与学生之间紧张的关系，同时也为苦读的学生们松弛一下紧绷的神经，学校特意组织了一个旅行参观团去杭州游览。

艾青本来就格外喜爱大自然的真山真水，这个机会当然不会放过。

在杭州，旅行团游览了许多名胜古迹。艾青第一次发现在家乡金华以外，原来还有更美更好的地方。

那天他和同学们泛舟西湖，感觉到如在画中游，没带画笔画夹,心中却突然泉水般地涌出了如画的诗句。

> 泊泊,泊泊!破寂的桨声
> 起自那柳荫浓处的湖边。
> 缕缕的波纹,
> 荡碎了澄清似镜的湖心,
> 映着阳晖,
> 闪成无数银针。
> ……

艾青觉得乘坐的游船简直是绿水碧波中的一叶浮萍,而自己又回到婴孩时代,在乳娘臂弯的"摇篮"中吸吮生命的乳汁……

眼看着三潭印月的湖心亭,艾青的心已飞回畈田蒋村奶娘的老宅。

在杭州,刚满18岁的艾青不知不觉中有了一种使命感。这种使命感是通过缅怀西湖南山北山那些古人的踪迹而流露出来的。

短短的杭州之行,他不仅仅欣赏了西湖天堂般的美景,还通过这美景引发了绵绵愁思。有时候同行者们欢呼雀跃的时刻,他会悄悄地闪到一边追寻古人的前尘。对酌谈心的美女,举盏邀月的文人,执杖高吟的诗者,红颜薄命的苏小小,还有精忠报国的岳飞,永遭唾骂的秦桧……

无论是名垂千古还是遗臭万年，都可在山色空濛、淡妆浓抹的西子湖畔找到他们的踪迹，望着生满荒草的青冢，他清晰地看到他们的身影，想起一句古人的诗句："尔曹身与名俱灭，不废江河万古流。"

回到金华，艾青把在杭州写的两首诗给一名要好的同学看，同学惊异地说："蒋君，你的诗同你的画一样精彩！"

艾青有了信心，便把《游痕》两首交给校友会刊物《学蠡》，不久，刊物出版，艾青的两首诗变成了铅字。写诗有了动力，他找了些漂亮的道林纸，裁成横条，扎上好看的丝绳，又在封面上亲笔画上蝴蝶和紫罗兰花，涂了鲜艳的色彩。他的漂亮本子令许多同学眼热和羡慕。

有人开玩笑说："蒋海澄要当大诗人了。"

听到这话，艾青总是一笑了之，因为只有他自己心里最清楚今后的志向和选择。一趟杭州之行，使他下决心毕业后要投奔杭州的国立艺术院。他想在美术的路上开拓自己的人生。

当然，他也深知，想走进艺术之宫，首先必须过父亲这一关，说服他支持资助自己才行。

临毕业前，艾青又闯了一个大祸，几乎打碎了去杭州的梦。由于疏忽大意，他打碎了学校的灯泡，同时违反了学校的纪律。校方告诉了他的父亲，扬言如果艾青不认错检查并赔偿损失，学校将不发给他毕业证书。

这些事使得许久没发脾气的蒋忠樽大怒，他足足训了儿子半天。

面对父亲的训斥,艾青俯首倾听,这次的确是他的错,父亲怎么训骂他都能忍受,前提是赔偿学校损失,息事宁人。他心里只担心一件事,父亲不准他去杭州学画。

也许是儿子的格外顺从和悔改之心感动了蒋忠樽,"狂轰滥炸"之后,他答应为儿子要回毕业文凭并报考杭州国立艺术院。

第三章
艺术之门

13. 杭州国立艺术院

1928年秋天,艾青实现了自己的梦想,考入了杭州国立艺术院,成为这座艺术学府中绘画系这一届第二期的一名学生。

这一年,他18岁。

对于杭州,艾青已不是完全陌生,那次旅游给他留下了很深刻的印象。他的心目中,西湖果然是一位淡妆浓抹的西子,虽然还有些看不透摸不着的空濛之感,但生活在"她"的身边,肯定会是心旷神怡美妙无比的。

再则,他还有另外一个想法,走艺术报国之路。他也算是1927年那场大风暴的目击者了,虽然还说不清怎么走才能不平平庸庸过一辈子,为国尽力。这个想法他对谁也没有讲,当然对父亲更不能提了,父亲是一心指望他学法律、经济,以便将来接班,对他上国立艺术院都不是很同意的。他能够做通父亲的工作,来到杭州,迈进这座艺术之殿的门已经是很不容易了。

"不管怎么说,这一步已经迈出来了。"艾青欣慰地想。

艾青是从心眼儿里喜欢这里的环境。

国立艺术院的校址在西湖的孤山。名叫孤山，其实并不孤立，这是西湖中的一个大岛，坐落在西湖北端，像一颗硕大的明珠镶嵌在碧波之中。岛的东北，有白堤与岸边相连，西北有西桥与岸互牵。孤山西脚是著名的西泠印社。上中学时，他从绘画老师张书旗那里没少听说这个名字，也知道了许多书画大师的故事。如今能栖身在它的身边，每日相见，真是个不可思议的奇迹。也许在梦中还能与他们相会呢，艾青想。

国立艺术院的条件和环境是得天独厚的。校园占地四十余亩。男生宿舍在苏公祠、白公祠等地方，女生宿舍集中在莲花松舍等处，大家出出进进起居就寝都充满了诗意。教室选在三贤祠等处，颇带庄重肃穆色彩，令人想起"一心只读圣贤书，两耳不闻窗外事"的古训来。另外，照胆台是礼堂，而罗苑则是艺术院的"核心大脑"总办公室所在地。

艾青进校时，这座艺术学府刚刚成立半年，它是蔡元培倡导建立的。1927年蔡元培在南京政府主持大学教育工作，为发展中国艺术教育，请老朋友大画家林风眠来南方，担任"全国艺术教育委员会"的主任委员，借鉴欧洲文艺复兴来振兴中国艺术。林风眠向蔡元培提出，想创办一所国立艺术院，校址选在有着悠久文化艺术遗产，且风景优美堪比天堂的杭州，这一想法得到蔡元培的赞同和支持。经过一段紧张筹备，1928年春天，这所艺术高级学府终于诞生在西子湖的怀抱中。

国立艺术院是林风眠一手创办的，他自己亲自担任院长。为了实现艺术振兴的目的，他还邀请了许多著名书画家和诗人作家前来任教授，如吴大羽、李风白、李金发、潘天寿、孙福熙、李骥、蔡威廉、林文铮等，以及日籍教授斋藤佳藏。此外还聘请了李苦禅等一批讲师。这样雄厚的师资力量和优雅的环境一下子吸引了国内一大批学子前来投学。

成立之初，院内共设绘画、图案、雕塑三个系。1929年，艺术院改名为国立杭州艺术专科学校，这所艺术院校也是今天浙江的中国美术学院的前身。

艾青进校后的最初感觉是应接不暇。不论是学习还是生活，都与他上金华七中时大不一样。一切都充满了新鲜感，也刺激着他的求知欲。上课，他总是第一个到最后一个走，他的国画老师是潘天寿，水彩画老师是孙福熙，油画和木炭画老师是王月芝。课余，他爱往山上跑，在孤山的最高处向四处眺望，一种怀古之情油然而生。

南望湖心一线排去的是阮公墩、湖心亭、三潭印月，再远是夕照山、南屏山；东观近处是平湖秋月、白堤断桥，远处是市区的栉比建筑；西望，一线苏堤逶迤南伸，弱柳拱桥相映相衬，远处可见天竺山、飞来峰等群峰起伏；回头向北，又是宋代名将岳飞之墓岳庙，抬眼望去保俶塔、北高峰依稀可辨。人说杭州八景，可在艾青眼中，杭州简直就有十八景、八十景、八百景。只要你有好心情，远远近近，处处为景，处处入画。他觉得自己是画中人，每日每时每刻无不在做画中游。

他想："我一定要抓住这个难得的机会，多学多画多看多享受大自然的神奇造化。"

这种想法占据了初到杭州的艾青的全部身心。

14. 这扇天窗在哪里？

不知是初到一地的新鲜感随着时光日渐褪去，还是慢慢撩开西湖的面纱后，见到了人世间更多的苦痛不平和丑陋，反正当初那种兴奋激昂的情绪没有了，取而代之的是一种淡入淡出心头的孤独和迷茫。

作为一个不能自食其力的勤苦学生，学画为什么呢？去当一个画家？可不当画家又能干什么呢？

艾青有些飘忽不定的感觉。同学和老师也都发觉他平时有些沉默寡言。

那天早晨，艾青的心情特别不好。起来后看看窗外，细雨濛濛，洗罢脸，他像往常一样背起画夹准备出门去写生。

"海澄,这种天气你还往外跑,闭门睡大觉才是最美的事。"一位同学从暖被窝里伸出头来说道。

"早晨不出去转转,画点什么,一天心里都不舒服。"艾青笑着解释了一句。

那同学也笑着摇摇头:"唉,可敬可嘉呀,我就缺少这种恒心,但愿日后蒋君能成为吾国艺术的栋梁。"语罢又打了个哈欠继续"温柔之梦"。

走出宿舍门,细雨打在面颊上凉丝丝的,艾青略想了想,便朝湖边走去。

已经有些日子了,不管是晴天还是雨天,艾青每早都要外出转转。有时去孤山的树林中,有时去湖畔,有时又去附近的村野田舍。说实在话,虽然身携画夹,但画的时候并不太多,更多的时候只是走、看和想。

穿过校园的林间石板小路时,一阵熟悉的歌声传入耳中:

莫道西湖好,雷峰已倒;
莫道国粹高,保傲倾凋!
看,四百兆生灵快变虎豹!
不有新艺宫,情感何以靠?
……

这是校歌,他不知词曲出自谁手,下面的歌词是鼓动艺术健儿们"挥毫横扫""挥锤痛敲",以便重塑艺坛,用艺术之光辉照耀大地。起初,他就是抱着艺术救国的希望来的呀,可有了这个"艺术宫",情感却依然无所靠。艾青发觉,自己越来越不喜欢唱这首歌,每次听到,他都有种压抑感,他内心里总有种东西想爆发,想膨胀,而反映到外部,他又想沉默,或许只有画笔、画布、颜料才能宣泄心中的积郁吧。

他在细雨中加快脚步,想把那歌声甩在身后。

湖边很静,雨中莺啼也格外的少。湖面泛着淡雾,像烟像纱,又像山间的云,湖对面的景色都埋在了神秘中,连湖心的三潭印月也不见了。这正是他喜欢的灰暗调子。

艾青找了处背雨的亭檐下,打开画具,调色动起笔来。他觉得,今天这种情调正是他找寻祈盼多时的,冷寂中带着淡淡的忧郁。

一个穿着色彩鲜艳服装的少女走进了他的视野,停停走走,还不时弯腰掐一朵花,伸手摘一片叶。

要不要在画上添一笔亮色?艾青看看前方的少女,又看看眼前的画布。

对!干吗不呢?!

他提笔调色,再抬头却发现少女已飘出他的视线。

艾青心中掠过一丝怅然,望着少女远去的背影,不知这笔亮点该落在画布的哪个位置。

画画的心情没有了,他的眼前老是闪着少女的身影,其实他连她长得什么模样都没有看到，所有的只是一个侧影。

回校的路上，艾青低着头默想："除了肩上背着的画具，除了每天这么一张一张地画下去，我还有什么呢？回想十几年的岁月，我来到这个世界上，究竟从人间得到过多少温热？"

他感到一股清冷袭上心头，不由微微打了个颤，伸手摸摸，周身衣服已不知什么时候湿透了。

晚上，他又跑到校外的桥头，望着远处一闪一闪的灯光，他想"那窗内一定是团圆的一家在说笑"，又看看另一处暗淡的灯光想"这窗子里说不定也有一个像自己一样孤独寂寞又缺少关爱的青年"。

为了排遣这种越来越加重的情感，艾青往外跑得更多了。他那支笔不停地画，仿佛只有在作画时才能得到抚慰和解脱，一旦停住了笔，思绪又接踵而来。

在这个青年人笔下，有着对农家庄户人的挚爱，有着对贫苦市民的同情，街头巷尾的小贩、湖中划子上的船工、奔跑的人力车夫、随处可见的贫苦大人和孩子都是他记录表现的主要对象。

有时，他会在睡梦中见到已离去多年的乳娘大叶荷，只有此刻才有种温热滋味。他往往要在醒后回味半晌，不肯放手。

冬天里的一个早晨，又是细雨濛濛，艾青去湖边看荷，一阵寒风吹过，枯荷瑟瑟摇动，他心里一酸，眼泪便涌出了眼眶。他没有去擦，一任它拖着冰冷的身躯缓缓淌过面颊，心里却觉得好受多了。

他像一个关闭在密封匣中的小鸟，想找人倾吐，想寻觅知音，想打开一扇天窗，飞出去。

可是这扇天窗在哪里呢？

他不知道，也不知道该去问谁。

15. 寻找屠格涅夫

1982年初夏，一位古稀老人在众人簇拥下沿西子湖边散步。

老人走走停停，或与陪伴的人说上几句，或看看远处的湖山，近处的景致，表情时而激动，时而沉思。

五十多年弹指间，那时的往事却依稀可辨。

"我印象里当年湖边主要是柳树，弱柳难经风呵，现在多了这么多的阔叶树木。"

老人又抬头欣赏道旁的一株株玉兰树，枝条上玉兰绽放："就像我手中抛出的一块白手绢。"

这抒情诗一般的话像是自语，又像是对身旁的人说。

艾青每天早晨或傍晚依然背着画具去湖边写生，但画笔总是不能淋漓尽致地表达他内心的感受，常常画了一半便草草收摊儿。

那天他流连于湖滨时忽然想起了中学时读到的一首诗：

  湖上青山

  湖中绿水

  湖边绕着垂柳

  垂柳里面夹着几朵桃花

  半开半放

  想怕泄漏春光

  才这般隐藏

  ……

他忘记这首诗的作者是谁了。第一次读到时，他以为这种景色只有在天上才有，可看看眼前，不正是如此吗?!想起这诗时，他觉得像在看一幅画，画中的色彩比他笔下的美丽十倍。

一天，艾青偶然从同学的笔记本上看到了几首抄录的散文诗，他一下子就被吸引住了。文字漂亮极了，像沾着亮丽色彩的画笔绘出的画那么美，而且字里行间仿佛有阵阵清新之气扑面而来，如清晨走到山野林间水畔的感觉一样。

"这些诗是你写的?"艾青望着同学目光迥异。

"哪里会呢,"同学笑了,"这是俄罗斯作家屠格涅夫的作品。"

"屠格涅夫?"

"对,屠格涅夫的,他的散文诗真是美妙绝伦。"

"你有他的诗集?"艾青追问道。

"我是在图书馆抄的,好像是刘半农译的。"

艾青像发现了宝藏似的,一头扎进了图书馆,寻找着这位俄罗斯的伟大作家和他的作品。

那些日子,艾青几乎对屠格涅夫着了迷。他甚至觉得这个从小生长在俄罗斯贵族家庭中的孩子,在某些地方跟自己有着惊人的相似之处。

他了解到屠格涅夫的母亲是个有文学修养又极为聪明的女人,但同时又表现得非常专横。屠格涅夫在母亲家的庄园里生活,因此他也看到了庄园中农奴们痛苦的生活,他讨厌庄园主的残暴专横,同情穷苦人的遭遇和境地。在那种沉闷的生活中,屠格涅夫最喜欢的是大自然。读他的作品时艾青总是被他作品中关于大自然优美动人的描写所感动,那田园风光和浓浓的乡土气息,时常牵动艾青思乡的情绪,这种情绪又使艾青的心久久不能平静。

有时候捧着书,艾青仿佛在与屠格涅夫对话,原来在北方那么遥远的地方,有一个外国人,一个大作家,知道他心里在想什么。

看到屠格涅夫对家乡农村精彩的描写，艾青就想到双尖山、杨乔山，村头的木桥、大樟树，村中的石板路……他最思念的奶娘大叶荷也和屠格涅夫作品中的人物一起站在他的面前。

艾青还喜欢看屠格涅夫作品中的爱情描写，那些缠绵悱恻的情感是用宁静的语言叙述出来的，然而又是如此的芬芳，沁人肺腑。每每读到，艾青的心就会有些怦然。因为这一切对于他，一个十八九岁的大男孩，还是陌生的、缥缈的。眼下，他还无法预测，未来等待他的究竟是一种什么命运。

也许应该再飞得远一些，去看看更广大一点的世界？有一次，艾青这样想了。

16. 林风眠："你还是到外国去吧！"

艾青的组画《迷路》《桥》《难行》等，在国立艺术院举办的画展上展出了。这些作品反映的都是劳动者的生活，是他从社会上采集到的素材，是他对生活和社会的认识和感受。

艾青对这套组画是比较满意的，特别对那幅《桥》有所偏爱。这些画同时还博得了老师和同学的广泛好评。大家都觉得，这个年轻人的画有一种说不出来的韵味，反正是与别人的不一样。

艾青的画还引起了另一个人的关注，这个人就是国立艺术院的院长林风眠。他没有马上找这个年轻人，但却想：也许应该为他创造更好一点的学习条件。

杭州的岁月过得真快，转眼一个学期就快过去了。这段时光并没有虚度，艾青完全明白，这几个月他的绘画水平和技巧有了明显的提高。尤其是读了俄罗斯作家屠格涅夫的作品以后，他觉得他的画中多了一些人生的哲理和色调。

尽管如此，他依然无法彻底排遣掉那种血气方刚的青年人才会有的，地火熔岩般的冲动、压抑、焦虑和烦躁。

他本来就不太善于言表，何况这些话即使说出来，别人也未必能够理解。他索性把内心的一切注入笔端，融入画作中，但还是有难以宣泄的感觉。

是报国有志，投身无门？

是英雄无用武之地？

还是过于狂妄，不知天高地厚？

连艾青自己也说不清、道不明。

他唯有不停地画、画，仿佛只有这样，心中才好受一些。

"蒋海澄同学，你在这儿学不到什么了，我看，你还是到外国去吧！"院长林风眠拿着艾青的一摞画稿，对他说。

艾青感觉得出,林院长说这话时十分认真,没有一丝一毫的犹豫。

"您说我去国外?"

"是的!"林风眠目光炯炯地看着他,"你需要汲取更多的艺术养分,开阔眼界,在这里是做不到的!"

艾青来校时间不长,就熟知了林院长的身世。

林风眠是广东梅县人,比艾青大十岁,1919年去法国勤工俭学,由于酷爱美术,毕业于法国的巴黎国立高等美术学院。林院长对东西方艺术都有着坚实的基础和素养。他的画风格独特,不因循守旧,不迷信传统,技法上有很深的探索。

艾青和同学们都喜欢上林院长的课,那是一种享受,犹如在听一首美妙的歌曲,而这首歌正是他用自己忠诚的心唱出来的。

如今,林院长为他指出了一条未来的路。

"我,我真的可以去法国?"艾青还是不太相信自己的耳朵。

"假期里你回去征求一下家里的意见。"林院长拍拍他的肩膀说,"海澄同学,千万不要放弃这个改变命运的机会!"

放假前几天,艾青不自觉地处在一种昂奋状态中。

无论是白天,还是夜晚;无论是走路吃饭,还是画画,林风眠院长的那句话,始终在他耳边转。

他开始想象到法国后会是怎样,那可是个艺术大都会呀!艾菲尔铁塔,凯旋门,罗浮宫……他的思绪像一只鸽子,在幻想的天空中翱翔。

当然,也有一件关键的事困扰着他,就是如何去说服父亲,让他心甘情愿地从经济上支持自己,只有这样,他才能把梦想变成现实。

17. 父亲的一千块鹰洋

一放寒假,艾青就赶快返回畈田蒋村。他要利用这个假期做通父亲的工作,实现自己去法国留学的愿望。

如往常一样,艾青在外读书,每个假期回家,蒋忠樽都要认真地询问儿子在外半年的学习和生活情况,他希望儿子能按照他铺就的路一步一步地走下去,以便将来能当官发财光宗耀祖,可儿子偏偏不循他所指的路走。这使他很恼火,又有些无可奈何。中学毕业那年,海澄要去黄埔军校上学,不是他坚决阻拦,不知今天会怎么样呢。

对于儿子要上杭州国立艺术院,蒋忠樽也是在半推半就的状态下同意的。他反对儿子吃艺术这碗饭,但同时也看到了儿子确实在这方面有点天赋。他拿捏的、画的那些个玩意儿,的的确确是惟妙惟肖的。可惜这份才华没用在正道上,要是儿子依了他,一门心思地去学经济、学法律，那肯定是前途无量的，他也不愁蒋家门风无人传接了。蒋忠樽也知道，儿子上国立艺术院，未必就是去当个画匠，杭州地方大，天南海北哪儿的人都有，古今中外哪儿的知识都可学到，待他学个三年两载，再扳他回来操持家业也未尝不可，浪子回头金不换嘛！

所以，儿子回来，蒋忠樽仍和以往一样，把他叫进书房，问长问短。

艾青是有心理准备回来的。他先把国立艺术院半年中的收获和一大堆画稿拿给父亲看，又讲了这一学期自己在学习上如何刻苦努力，到父亲听得直点头时，才说出想去法国留学的事来。

谁知蒋忠樽的脸一下子就青了，他啪地撂下手中的茶盅，坚决地说："妄想！你这个孩子总是异想天开、好高骛远，杭州还没有蹲热，又要去什么法国，不行！"

对于父亲的拒绝和阻止，艾青早已有了充分准备。等父亲发了一顿脾气后，他才继续把话说下去："这不是我心血来潮非要去呀！是我们院长林风眠先生推荐我去的。"

"林风眠？"父亲的嘴半张着，动了动，"真的是他举荐你去的？"

蒋忠樽对中国书画并非一无所知，上来雅兴，他会和三五朋友挥毫涂上几张，林风眠的名字自然并不陌生。

"林院长就是留法回来的，他说我在杭州学不到什么了，才让我去外国的。您想他能骗自己的学生吗？"

"可是，你的情况不同呀！何况咱们家并不富裕，出外留洋要花多少钱哪！"

见到父亲已不似开始时那般强硬地阻止这件事，艾青心里暗暗高兴。

"钱不成问题！"

蒋忠樽的脸色又铁青起来，他想发作痛斥儿子这种败家子想法。

艾青赶紧说下去："我是说，到国外可以去挣外国人的钱，法国人有钱，有钱人花钱如流水，我学成了还愁挣不到他们的钱吗？"

父亲的脸色有些缓和，艾青又说："您比我有见识，读的书又多，人有了广博的知识和开阔的眼界，才能有作为。您不是总盼着我能成大器吗？到国外去，是最好的机会，您能让我错过这个难得的机会吗？"

蒋忠樽呷了口茶，微微点点头，又摇摇头："天下事未必如想象的那么简单，再说送你出去的钱……"

"这也是投资哇！如果您在我身上花的一块钱能换回十块钱百块钱，那有什么不好的呢！"

"这倒也是个理儿！"

艾青还想说服下去，蒋忠樽伸手一挡："好了，先不必再说了，这事在咱蒋家关系重大，我要好好掂量一下。"

一连数天，蒋忠樽总是拉着个脸，艾青几次提起留学之事，总是才开个头，就被打住了。

有时艾青听到父亲和母亲在房中争执,可一见到他又什么也不说了。他有点担心这件事不了了之。为了散心,艾青就拿着画具到村外去写生,或找上几个儿时好友聊聊玩玩。他还到奶娘大叶荷的坟前去了两次,诉说自己心中的郁闷和担忧。

春节都过了,整个假期眼看就完了,可艾青仍然没有等到父亲的回音。这段熬人的时光里,他曾几次找机会想跟父亲进一步谈这件事,可不是父亲忙于别的事抽不出身,就是找个什么借口把话题支开。

长这么大,这个春节过得是最没有意思的了。难道愿望真的要成为泡影,下学期还是依然在时晴时雨、雾聚雾散的西子湖边徘徊?艾青恨自己无能,说服不了父亲;也恨父亲的固执守旧,不肯放他出去自由"飞翔"。

离返校的时间只剩下几天了。

一天晚上掌灯时分,父亲踱到艾青房中,说:"海澄,你来一下。"

父子俩一前一后来到西厢房。

蒋忠樽关上房门,让艾青坐在桌边的木椅上,自己也坐在了桌子的另外一边。他没有开口,眼睛盯着儿子看了有半分钟,才说话:"看来硬拦也是拦不住你了,就是不让你的人走,你的心也飞了。我同意你去法国留学的事。"

艾青已快熄灭的希望之火一下子被父亲的话点燃了。

"你先别太高兴!"蒋忠樽先适时地泼了点冷水,"我虽然同意你去外国，却不是让你去洋人的地方游山玩水，而是花钱让你去学些真本事，学成回来光宗耀祖。"

"我懂您的意思，我会努力地学，挣很多洋人的钱回来。"

"这样就好，我就能放心了。"蒋忠樽招招手，"你到这边来。"说着弯下腰掀起两块木地板，用双手吃力地捧出一个坛罐来，小心地放到桌上，然后轻轻地揭开盖子。

借着灯光，艾青看到罐里满是闪亮的墨西哥"鹰洋"。

"这可是咱们家几十年的积蓄啊！"蒋忠樽一边声音颤抖地说着，一边抖索着手，一五一十地往外数钱，那种样子有点像从心头上往下一刀一刀剜肉似的。钱数够了，他又细心地点了一遍，尔后很快地把罐子盖好，小心翼翼地捧回藏罐处放妥，又盖好地板，用力地跺了几下，看看妥帖了，才返回桌边，用大红纸包好桌上的"鹰洋"，慎重地说："这一千块大洋可是来之不易，要用在要紧处，当花则花，不当花则不花。记住：这趟出国，千万不能乐而忘返、乐而忘返啊！"

蒋忠樽连说了两遍"乐而忘返"，最后又轻轻叹了口气。

艾青只顾一味点头应诺，他本来对出国之事已快绝望了，如今一下子绝处逢生、柳暗花明，反倒使得他有些不知所措。

这一夜，艾青是在时梦时醒、时醒时梦中度过的。

回杭州那天真是个好天气。初春的暖阳洒在村街的石板路上，暖暖地泛着光。远处山峦的薄雾才散，双尖山犹如出浴的仙女，亮丽动人。村前村后的树丛草叶上的露水在晨阳里闪闪烁烁，像无数的珍珠晶莹悦目，似眷恋的泪水搅乱游子的心。

毕竟是骨肉远行，母亲楼仙筹从头天晚上就泪水涟涟。虽然这些年儿子与她在一起生活的时间并不太多，但这一去何时才归却不好说了。她亲手为儿子煎了几个荷包蛋，又亲眼看着儿子把荷包蛋一个个吃下去，才觉得好受些。儿子出门时，她只顾抹泪，甚至都忘了再叮嘱几句。

蒋忠樽亲自把艾青送到村口，还是如昨晚一样，他不断地提醒儿子要把钱放好，另外学成早些回来。

艾青发现，父亲的眼中有几点东西在阳光下闪烁，心里不免也生出一丝怜悯和眷恋，只是很快又被兴奋和畅快的情绪所代替。

虽然他还不能知道，也不能肯定到那遥远陌生的异国他乡，等待着他这自由的流浪者的是什么前途、命运，但他还是异常的激动和兴奋。

反正他自信地觉得，走出畈田蒋村，犹如离开了一个小小的荒岛，他这只充满了理想、幻想、梦想的小独木舟，将凭着自身的蓬勃生命力去开辟新的航线，寻找新的港口。

艾青许多年之后，把他离家时片刻的复杂而难忘的心

情用诗表达出来。在这首《少年行》里,他婉婉倾诉:

> 你多嘴的麻雀聒噪着什么——
> 难道你们不知我要走了么?
> 还有我家的老实的雇农,
> 你们脸上为什么老是忧愁?
>
> 早晨的阳光照在石板铺的路上,
> 我的心在怜悯我的村庄,
> 它像一个衰败的老人,
> 站在双尖山的下面……
>
> 再见呵,我的贫穷的村庄,
> 我的老母狗,也快回去吧!
> 双尖山保佑你们平安无恙,
> 等我也老了,我再回来和你们一起。

艾青在心中默默告别的,还有那不能为他送行,却永远陪伴着他的奶娘——大叶荷。

第四章

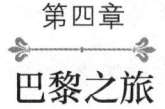

巴黎之旅

18. 海途日出

残冬的身影还没有完全褪尽,早春的上海仍有些羞羞答答的寒意。

浦江码头。

湿漉漉的空气像一张灰蒙蒙的大纱帐,把天地万物笼罩其中。

一艘法国邮船泊在港口上。登船的人们熙熙攘攘,提着、抱着、拖着、举着、背着大包小箱拥上弦梯,招呼声、说笑声、叫骂声、告别声和着各种物体的碰击声、摩擦声,涌进城市的耳骨,显示着大都市独有的繁荣气氛。

艾青随身携带的小皮箱放置在窄窄的床里边,一切妥帖了,才直起身走出矮矮的舱门来到甲板上。

这三等舱虽然狭小拥挤了一些,但终究有一张可以躺卧的床。这对于一个经济不很宽裕的出国留学生来说,已是很不错的了。

艾青扶着栏杆深深地吸了一口气,湿润的空气中有股烧焦和腥咸的混合气味。

这就是上海?! 我才走近你，尚未看清你的面容就又要与你分手了。艾青这样想着，用手轻轻地拍了两下栏杆。

"蒋公、蒋公!"

艾青回头看，是孙伏园笑着在喊他。

"孙先生，你万万不能喊我蒋公了，"艾青有点不好意思，"我才19岁，又是你弟弟的学生，而且你又有那么丰富的阅历，你就直呼我小蒋或海澄吧!"

"就叫蒋公，蒋公好!"孙伏园笑着坚持自己的意见，"好了，不管称呼了。蒋公，就要离开故土了，心情怎么样?"

艾青没有回答，用鼻子嘘了口气，抿着嘴摇了摇头。

"我比你大十五六岁，可我想咱们的心情是一样的。"孙伏园用手拍了一下艾青的肩膀，"不过，外边的世界会很有挑战性的!"

艾青点点头，刚才那些离愁别绪，被孙伏园一席话全给赶得无影无踪了。

虽然与孙伏园认识才几日，但他的名声艾青却早有耳闻，他是国立艺术院教水彩画的老师孙福熙的哥哥。五四运动时曾当过北京大学图书馆的馆长和李大钊的秘书，还是文学研究会的发起人之一。孙氏兄弟都是鲁迅的同乡，与鲁迅先生有很深的交往。孙伏园1924年曾参与组织语丝社，创办《语丝》周刊。在艾青眼里，孙伏园已是个功成名就的人物。

对于孙福熙老师，艾青也是很佩服的。他早年有些经历与孙伏园近似，也与鲁迅、李大钊有很好的关系。不同的是他选择的是一条美术之路，曾与林风眠院长一同留学法国，这次再度赴法是林院长特意安排的。

想想林风眠院长在他们临行前的嘱咐，想想此行有孙福熙、孙伏园老师，以及专攻工艺美术的雷奎元和同学俞福祚、龚珏等七八个人，艾青的心里踏实了许多。

呜——，邮船在一声长鸣中收锚起航。

看看渐远的城市和浦江，艾青默默地在心里念着："别了上海，别了1929年春天的中国，我将在大海的另一边开始我人生的跋涉。"

艾青是第一次这么长久地在海上生活。

那么大一艘轮船，在浩渺无边的大海中航行，就像一片渺小的树叶。风平浪静时，邮船像在蓝色的玻璃上划行；风起浪涌时，邮船就像摇篮和簸箕，几乎要把所有人的五脏六腑都颠出来。

即使这样，艾青仍对大海有着日愈加深的感情。

有时夜里睡不着，他会悄悄摸出舱门，来到甲板上，长久地望着漆黑的夜，听着海浪拍打船舷的啪啪声。

而早晨，他总是第一个站在甲板上，迎接新一天的新航程。他有幸看到了真正的海上日出，那种情景，那种气氛,那种美丽,那种壮观,是无法用语言表达的。他真想用画笔画下那瞬间的景象和感受,可又怕画笔和色彩把日出那流动的灵感凝固在画布上。

白天,同行者们在一起聊天。艾青的话不多,他总是默默地听着、想着,乏了,就去甲板上看海。

孙伏园说:"蒋公为大海痴迷了!"

有人说:"难怪家里人会给他起名蒋海澄呢!"

邮船在海上航行了一个多月,经过了香港、西贡、新加坡,又穿过马六甲海峡,到达斯里兰卡的科伦坡;接着又穿过亚丁湾和红海,经过著名的苏伊士运河,船在埃及的波得塞港和吉卜他港做短暂停靠,艾青想到了金字塔和狮身人面像。起航后又路过意大利,几经辗转才到达了法国的重要港口城市马赛。

海途上年轻人那种他乡求学的心境,艾青多少年后仍不能忘怀,他在长诗《向太阳》中写道:

在太平洋

在印度洋

在红海

在地中海

在我最初对世界怀着热望

而航行于无边蓝色的海水上的少年时代

我都曾看着美丽的日出

19. 里斯本旅社的葡萄牙老太太

马赛是法国的一个重要港口城市。

一个多月的海途颠簸,每个人都觉得很疲劳。大家都想立刻到达目的地,头枕着实实在在的大地倒头睡上几天几夜。

艾青对马赛的印象并不好,虽然他早就听说过这个城市和那首非常著名的《马赛曲》。

由于他们的最终目的地是巴黎,所以在马赛并没有耽搁多久。但码头上堆满的货物,市内不平的道路、街道,无数的商铺和各色广告,街头市集人声的喧闹,排排列列的厂房,一根根伸向天空甩着弃妇黑发般煤烟的烟囱,拖着脚步上下班的工人们,还有睁着酒精中毒的眼的太阳……都深深地刺激着艾青那颗快乐而又悲哀的心。虽然身处喧闹之中,但他在这陌生的城市中却有着强烈的孤独感,像一个被无情的海浪抛到陌生的海角沙滩上的贝壳,像一头在无垠沙漠中寂寞行走的骆驼。

幸亏在马赛没有多停留,他们很快便赶到巴黎。

最初落脚的地方有一个十分美的名字,叫"玫瑰村",玫瑰村离巴黎市区有十多里路。这里还没有多少大都市的繁闹,有点像他看过的欧洲油画中的小村镇,而且可以看到很多美丽的花。

他们租住的房子不大，但比较清静。白天，大家去巴黎为上学的事奔波；晚上，就聚在斗室中聊述一天的感受和对未来的设想。

房子的主人叫格里姆，自己开着一家自行车装配工厂，不大，但挺红火。格里姆人算是粗犷豪爽型的，对房客也不苛刻，高兴时会跑过来与这些异国的年轻人艰难地交谈上几句。格里姆有个致命的毛病——酗酒，一旦酒喝过了量他会变成另外一个人，咆哮起来如一头狮子。好在大家和周围的邻居都知其人，每逢此时都躲开，任他一人折腾去。待酒过人醒，一切又如往常一样。

在玫瑰村居住了一段时间，大家都觉得在生活和学习上有许多的不方便，于是便各自在巴黎寻找新的落脚之地。

艾青在巴黎第六区伏斯拉尔大街的里斯本旅社租到一个房间。因为房间里有一条下水管道通过，所以租金比较便宜。房间不大，不过住两个人还是可以的，他便约了俞福祚一起住。两个人说话想法都挺投机，而且还可以相互照应着。每月100法郎的房租，艾青和俞福祚各交一半。吃饭则只能应付了，或买些现成的回来吃，或找个卖学生便餐的便宜饭馆草草填饱肚子。有段时间，艾青跟俞福祚形影不离，两个青年人在异国的土地上互相扶助，相依为命。

里斯本旅社的老板倒是个不错的人。这个葡萄牙老太太每次见到两个年轻人都很客气，像叫自己孩子那样叫他们，生活上自然也多了几分关照，这让两个年轻人挺受感动。一个穷留学生，在陌生的地方能得到些温情，心中的滋味是可想而知的了。

艾青是为学画来的，但要想上巴黎的美术院校却很难，一是没有那笔可观的学费，二是缺少一定的门路。他还是没有灰心，终于在蒙巴那斯大街找到一个"自由工作室"，这里虽然不及名牌大学，但也常有些知名画家光顾，师资也还可以，主要课程是画人体素描。

学画有了初步的着落，生活却又很快进入了困窘境地。出国前父亲给的1000块鹰洋，几经折腾已所剩无几。艾青十万火急地往国内写信，请父亲寄钱，可等来的总是失望。父亲寄了一两次数量很少的钱后，便再也不肯掏钱供养他了。父亲不能容忍自己辛辛苦苦积攒下来的财富这么一点一点地流失掉，他似乎已看出，这个远在异国的孩子不会给他带来任何实实在在的收获。

父亲断了艾青的经济后路，问题严重了。旅社的老板葡萄牙老太太已来催了几次房租，虽然很客气地说一时交不上没有关系，照样可以住，但艾青和俞福祚却住的不踏实，生活、吃饭和学画也都面临着这种状况。

怎么办？

有人提出，你们可以出去找找工作。以前来的留学牛，很多都是用"半工半读"的方式自己养活自己。

"我就不相信，咱们年纪轻轻，有的是力气，会被饿死憋死？"艾青对俞福祚说，"明天咱们就去找工作！"

生活永远是要靠自己去创造的。

很快两人就找到了工作，是在一家美国老板开的工艺品作坊干活。工作也不复杂，是在顾客买好的打火机或金属香烟盒上，用中国漆把买主的签名描上去。

这种近乎简单临摹的劳动，对于艾青他们这些学美术的人来说，太容易了。有时候，一个上午艾青可以描二十多件，而且又快又逼真。这样便可以有20法郎左右的收入。一个月干下来，居然可以挣500法郎。

在工艺品作坊给别人干活，当然不能像在学校给自己画画那么随便。每天早晨，艾青和俞福祚准时赶到作坊，一开门就开始紧张地工作。他们年轻勤快又有才华，干出的活儿很拿得出手，老板和顾客都很满意。

作坊里有一个身材粗大野气十足的工头，是个混血儿。这个家伙力大如牛，也体壮如牛。他在作坊里不时走来走去，监视着每一个干活儿的人是不是在偷懒。有时候，他走乏了坐累了，会扬起胳膊伸个大大的懒腰，这时你会听到他身上的各个关节发出一阵咔叭咔叭的响声。接着他便拳头一握，胳膊一弯，两臂和胸背肩便隆起馒头似的肌肉来，有点像今天舞台上的健美运动员。

混血工头还有个嗜好，喜欢喝生牛血。那天，艾青他们正在紧张地干活,工头端了一盆生牛血回来,他把盆放到炉子上,又打开个纸袋,哗地往盆里倒进不少花生米,用勺子搅了搅,在炉子上烤了一会儿,就吃起来。那大嚼大吞的样子,令一旁干活儿的人几乎要呕吐,他却全然不顾。

经济上有了收入,艾青和俞福祚的生活有了最基本的保障。刨去50法郎房租,300多法郎饭费,每月还能挤出100多法郎买些书籍、日用品和急用。生活虽然仍很清苦和拮据,但终究是自己养活了自己。

在巴黎吃饭是一大消费,在最普通的饭店吃一顿最普通的饭也要花费5法郎。他们还是吃不起,于是就找一些更为简陋的不像饭店的饭店吃。这些地方条件和环境都无法与一般饭店相比,但填饱肚子的目的可以达到。穷留学生们大都到这类"学生饭店"就餐,一顿饭下来,只要3法郎就够了。

艾青他们找到一家由一个天津口音的老板开的"学生饭店",店主的老婆是法国人。他们成了这里的常客。

除了做工和学画外,艾青还有件最惬意的事,就是利用闲暇时间去浏览巴黎的艺术。这座欧洲古城有着取之不尽的艺术养分。他喜欢艾菲尔铁塔巨人般的身姿,喜欢凯旋门上那组"马赛曲"的雕塑。这组石材雕塑是鲁德的作品,作于1833年至1836年,罗丹称这部作品是高乃依式的悲剧。什么是高乃依式的悲剧,艾青不清楚,可是塑像群中前呼后拥的人物和那长着飞翅挥着短剑的天使让艾青振奋。

艾青还去过罗丹美术馆。这座美术馆坐落在巴黎第七区的一条清静的小街上,叫梵安街。这座府邸最初是路易十五时代一个外省来的暴发户所建,它的华贵程度在当时也是远近闻名的,后来被大元帅毕龙买下,成为"毕龙府"。20世纪初,这座白色的两层楼中住过不少艺术家,像画家马蒂斯、舞蹈家邓肯、诗人哥克多等。后来奥地利诗人里尔克住后给好友罗丹写信,罗丹随后搬入。他去世后,这里便辟为罗丹美术馆,陈列这位艺术大师的众多宝贵遗作。

在馆内徜徉时,艾青仿佛走进罗丹的世界,《地狱之门》《加莱义民》《夏娃》《青铜时代》,那每一尊雕塑都能引发他的遐思,他最喜欢的是那尊《行走的人》,令他神往,塑像没有头,没有双臂,只有一副坚实挺拔的躯干和迈着大步前行的双腿,站在塑像旁,你会感觉到他健步如飞的速度和带来的呼呼的风。"罗丹是一切!"艾青不由想到刚看到的里尔克对这位大艺术家的评价。

当然,最最激动的还是参观罗浮宫,他第一次真正体会到什么叫作艺术的殿堂,这时他才明白,为什么林风眠院长极力动员他来巴黎。不身临其境的人,永远也不会体会到这里的艺术气氛。这是智慧、艺术、生命的聚合点,是真善美的结晶。

身临其境的艾青，深深地陶醉在艺术时空中。

20. 我来请客

人要有幻想，却不能生活在幻想里。

现实生活中并非都是真善美。他发自内心地喜爱莫奈、雷诺阿、德加、毕加索等人的风格，这些印象派画家都有种离经叛道的逆反精神，他不喜欢学院派的作品，也许与从小所受的影响和家庭的境遇有关。他觉得自己和封建保守、墨守成规的东西永远是格格不入的，相抵触的。

收回了飞驰的思绪，回到踏踏实实的现实中，他仍要为学画、为生活奔波劳作。

有时，他也感到极端的孤独，在巴黎灯红酒绿的街头，他不知自己该奔向何处。望着人流、车流，很是茫然，自己像大海中一滴水，随时都可能干涸掉。巴黎在他眼中是个怪物，聚集了拿破仑铸像、酒精、霓虹灯、凯旋门、铁塔、赌徒、大腹贾、野心家、空想者、拳击师、投机者、艺术家……还有他这样的远来的求艺者。

实在是憋闷了，艾青就沿着塞纳河走走。那带着水珠的空气能洗涤过滤掉心中的块垒。闪光的水面能勾起他童年的回忆，他可以盯着水面的波光鳞影一想就是半天，直到画着广告的小艇从水面划过，才把他唤回现实。短短长长的汽笛声，有点凄清味道。若是再赶上个铅色的阴天，则更添几分冷漠了。

艾青有一次跟俞福祚说："我觉得自己简直就是个波希米亚人，一个地地道道的流浪汉。"

俞福祚笑笑道："彼此彼此，真正的流浪汉，浪迹天涯却不肯回头的浪子！"

为了排遣这种心境，也为了学有所成，艾青拼命画画。他的一张名为《失业者》的油画居然参加了"独立沙龙"举办的画展。他在画上的一角署了个笔名"OKA"，这个笔名后来成了他写诗时最初的笔名，翻译成中文是"莪伽"。

在法国，学画的中国青年其实并不少，大家有时间也会结伴出游，或去什么地方写生交流。在交往中，艾青结识了吴作人、唐一禾、周方白等不少画画的朋友，这也使他的生活和艺术增加了一些色彩。

人生中很多事情都与缘分有关。与人相识也要缘分。艾青能结识李又然就是缘分。

那天他照例去天津人开的"学生饭店"吃饭，却遇到一张陌生的面孔。平时，这里吃饭的都是熟人，大家买了饭票，每顿一张，艾青也是如此。

艾青看到角落里的那个青年人吃得很慢，面前只有一小碗米饭和一小碟子菜。他似乎在等什么人，可又始终没见有人坐到他对面去。

角落里的年轻人的确是在等人,他叫李又然,因为没钱吃饭,所以来找一个很熟的朋友借钱,可朋友不知为什么偏偏没来。眼看着顾客一批一批地来,又一批一批地走了,他的碗和盘子也空了。饭店已快关门,不能再等下去。李又然坐不住了,他想告诉老板娘,自己忘了带钱,下次来吃饭时再付,可几次老板娘从身旁过去,他都羞于开口,只能将头埋在已空的饭碗上……

这个人也许没有带钱吧,艾青远远地看着他想。他觉得自己应该帮帮他,于是便拉开椅子起身走过去:"你好,朋友!"

"啊,你好!"李又然抬起头,有点尴尬地看着面前这个个头高高的青年。

"我来请客,"艾青从夹子中拿出一张饭票,"老板娘,结账了。"又笑着对红着脸的朋友说,"咱们走吧。"

走出饭店的门,李又然深深地呼了一口气,他感激地对艾青说:"太谢谢你了,要不是你……"

"别这么客气了,咱们都一样,谁都有可能遇到这种时候,"说着艾青又掏出钱夹,数出10张饭票和50法郎,"这点先拿着吧,解决不了大问题,救救急还可以。"

李又然接了过来,没有说话,只是感激地点点头。

"你叫什么?"

"李又然,你呢?"

"蒋海澄。"

两个人对看着。好一会儿,艾青说:"又然兄,你要是没什么急事,上我那儿去坐一会儿吧,离这儿不远!"

"我没急事!"李又然点点头,跟着艾青走。

一路上,李又然听见艾青用口哨吹着一支很熟的曲子,听着挺凄凉、动人。

"咱们好像在哪儿见过面!"艾青停住口哨问道。

"那次在卢森堡火车站,你……"

"不是,我想最早是在巴比塞的一个集会上吧,对,是《世界》周刊的集会上,你很活跃!"艾青目光一亮。

李又然不好意思地笑笑。

"到了!"艾青指指里斯本旅社的大门,"敝人的寒舍到了。"

李又然想不到这个慷慨大方的朋友住在这样一间简陋的房子中。屋中除了一张旧桌子和一张简单的床,什么陈设也没有,上面散乱地堆着一些画册和诗集,其他的空间则被黏土、颜料、画笔和做雕塑的支架等占据着。

"这就是我的生活和世界,随便找地方坐吧!"

"你是搞艺术的?"

"学画,你呢?"

"上大学。"

"我讨厌那种气氛,像走进教堂一样!"艾青说。

"你这是种偏见,有时间我领你去听听课。"李又然有点不悦,他觉得艾青对知识的理解还需要改变。

李又然和艾青成了无话不谈的好朋友。只要两个人到一起，就有说不完的话题，从艾青身上，李又然学到了很多艺术方面的知识，原来在大学生活之外还有一个辉煌灿烂的世界。艾青从李又然身上也学到了很多，过去认为教堂般沉闷的学校竟是取之不尽的知识海洋。他跟着李又然去听了不少次课，他对李又然说："李兄，有我感兴趣的课，千万别忘了叫上我。"

有时去听课，艾青也不忘带上画画的纸笔，忙里偷闲，画上几张教授讲课时的速写，望着画纸上教授秃头滑稽幽默的模样，李又然有几次把肚子都笑疼了。

"你是怎么想出来的，你真是个奇怪的天才！"

两个人越来越近，吃饭不分你我，钱也合起来用。有的时候也难免争执，为了一点不大的事抬杠，争得面红耳赤，发誓再也不理对方，可没过一天又和好如初，重新交换心得，再重新争执，重新合好。

这种诚心的交往，使两个人最终成了一生的挚友。

几十年后，当两人都进入人生的暮年，李又然回忆起当年的往事，感动地说："我们之间的友谊是他开头的，是他奠基的，是他发源的，从此一泻千里波澜壮阔！"

21. 幸福的"流浪汉"

"海澄兄，我请了位法语女教师帮着补习法语，她今晚上来。"俞福祚又介绍了女教师的另外一些情况。

晚上，女教师如约而至。她给俞福祚讲课时，艾青则埋头在自己的书本中，他偶尔抬起头向那边看上一眼，灯光下女教师并不太漂亮，却是极有风度的那种。

女教师每周来住所三次，每次一个小时，晚7点至8点。每次来，艾青要是在屋中，总是简单地打个招呼，便低头忙自己的事去了。

他从俞福祚的口中渐渐知道了不少女教师的事。女教师比艾青大三岁，是从波兰的华沙大学来巴黎大学留学的。她的法语讲得很好，嗓音也很美。

一天晚上，女教师又如期来上课，她偶然发现这个总是默默低着头看书的男青年正在专心致志地看一本法文诗集，是俄国作家马雅可夫斯基的诗。

"你喜欢诗？"她指指艾青手中和桌上的诗集，显得很惊奇。

艾青不好意思地一笑，点了点头。

女教师拿起艾青正看的书说："马雅可夫斯基的诗很好，可惜他自杀了。"

"不对吧，"艾青摇摇头，"我记得是叶赛宁自杀了。"

"不！叶赛宁五年前就自杀了，最近自杀的俄国诗人的确是马雅可夫斯基！"女教师很肯定地说。

艾青没有想到这个女教师竟也喜欢诗，很高兴。他对女教师说："咱们可以共同探讨诗吗？"

"可以。"女教师很爽快地答应下来,又说,"不过我读的并不很多。"

"没关系,我读的也有限。"艾青顿了顿又诚恳地说,"我的法语也很差,你能帮我补习吗?"

女教师也爽快地答应了。

艾青的法语有了明显的进步,这和波兰女教师的帮助是分不开的。当然,两个人的友谊也不断加深。

艾青有许多书籍,都是他节衣缩食买下来的。女教师很喜欢看书,她每次为艾青补习完法语,总要从艾青的书堆里挑上一两部书带走,下次见面时再送还。送书时,还不时交换一下读书感想。

一次,她从艾青处借了一部陀思妥耶夫斯基的长篇小说《卡拉马佐夫兄弟》,几天后送还时,艾青发觉她的情绪不高,眼睛红红的,就问:"你怎么了,最近有什么事不遂意吗?"

"没有!"她摇摇头,"是这本书,看完后我难过了好几天,以后我再也不看这样的书了。"

原来是这样,艾青放心地笑了,他没有想到她看一部文学作品会如此地投入。

"你真是个傻瓜!"

"我知道,可我还是认为那是真的。"

艾青真心地佩服她的好学精神。

有时她来,艾青正在画画,她便会兴致勃勃地对着画问这问那，直问得画画的人无言以对方才罢休。艾青喜爱后印象派作品，特别是毕加索的画作。她也会揪住"毕加索"问个不停，这是什么意思那是什么意思，它怎么个好法，好在什么地方……

"你能当我画画的指导教师了！"艾青善意地开了个玩笑。

"对不起，我只是感兴趣，可没有为难你的意思。"她抱歉地说时，脸有些微微泛红。

艾青觉得她此刻真好看。

波兰女教师在不来为艾青补习法语的日子里常去图书馆看书。

见到她的日子，艾青会有种充实感和莫名的兴奋，而见不到她的那些日子，艾青就会有种淡淡的寂寞和心神不宁。

他想知道她那些个夜晚，在灯火通明的图书馆中是怎么度过的，都在看什么书？

"我喜欢图书馆中的读书气氛，身处其中真是妙不可言，我常常是读到最后一个人才离开。"

说者无心，听者有意。那个晚上，艾青真的到图书馆去了。只是他没有进去，远远地站在林荫道边，静静地眺望图书馆一扇扇明亮的窗户。

他完全想象得出，她在里边读书的样子。

窗子里的灯一盏一盏地灭了，归去的人不断从身边走过,直等到最后一扇窗的灯灭后,一个窈窕的身影才出现在图书馆的门口,匆匆向这边走来。

"是你!"她的目光闪亮,有点惊讶,又有点兴奋,"是特意来等我的,还是顺便走到这儿的?"

"噢,我是顺便走来的!"艾青本想说特意来的,可话到嘴边却变成了顺便。

"真巧!"她莞尔一笑,"你能陪我走走吗?"

"行!"他答应道。

两个人顺着夜幕中的林荫道款款而行。

这是艾青第一次与一位年轻的女性在巴黎的夜晚漫步,互相倾诉着理想、事业、生活的话题……

艾青第一次被邀请去她的住所。

那是一座古老的住宅,远离了喧嚣繁杂的巴黎市区。那栋房子像他见过的中世纪油画作品中的杰作。不知为什么远远地看着它,有种读《圣经》的感觉。

他像一个纯真的少年,随着她的身影,从遥远的旅舍走近它,走过了长长的路。

莫非是走进了一座奇异的教堂?不然怎么听不到城市的喧声和聒噪?艾青想:这才是久久的倦游了的旅客渴望得到的片刻的宁静。

那道长长的窄窄的楼梯是木质的,灯光暗而柔和,他听得到自己的呼吸和脚步声。

女教师一直把他引领进那间宽大的房间中。

光线并不很亮，空间流动着古木幽香的气息。艾青有点拘谨，女教师轻轻地说："随便坐吧，这就是我的世界了！"说完就去为客人倒咖啡。

艾青环顾四周，屋中摆设着路易斯时代的家具，各种饰物中，几个波斯纹彩色的瓷器格外醒目，几个黑色雕花的书架上是一排排整齐的书籍。他走上前看看，有拉辛、莫里哀、雨果等大作家的全集。

"请坐吧！"她把咖啡递过来，自己却踱到窗边。

艾青默默地坐下，望着女教师。

"波德莱尔的作品很熟悉吧！"她转过身来看着他。

艾青点点头。

"你记得吗——波德莱尔说：'我恨那个破坏线条的运动。'这话说得多好啊！"

她把双手举过头顶，轻轻地捋了一下金黄色的长发，海蓝色的眼中闪烁着遐想。

一阵微风，她身后的白色窗帷轻缓地飘动了几下，艾青感到窗前的她，简直就是拉菲尔笔下充满了妩媚的日子中的美丽纯洁的天使。在淡紫色的宇宙中，她安详地摆动着身姿，并以微微震颤的金声，向他讲述着神与人、太阳、哀罗丝的故事。他聆听着那甘泉般的故事，一任它在心底流淌。

她好像还讲了一个缪塞诗篇中的故事：一滴眼泪是怎样变成了晶莹的珍珠。

有一段时间，他们就那么相对无言地坐着，只用双眼对话。耳边静静的，只有古旧的木制挂钟的脚步声始终如一地走着。

在这古旧的遗梦里，做过多少次圣洁的爱的悠长的漫游，艾青已记不清了。

不过他记得古钟那急促的鸡鸣的音调，每次都既欢迎他默默地到来，又催他默默地归去。

艾青把自己与女教师的友谊告诉了李又然，他也替他高兴，也许他们会向一种更高更美的境界发展。

那些日子，艾青读了那么多的诗和名著，他觉得自己是个幸福的"流浪者"。

无奈，现实总是充满了遗憾。

有一天女教师来找艾青，告诉他，母亲来信，让她回波兰。她的母亲很疼爱她，从出生到现在，她从未违背过母亲的意愿。可是这次，她准备自作主张了。

艾青听到这些，一时想不出什么话来安慰她。他常听她讲到母亲。她的母亲和他的父母是截然不同的，他不能用对待自己父母的办法来鼓励她。

不久，她的母亲竟赶到巴黎来了。她对女儿说："你若是不随我返回华沙，我就永远在这里待下去，等你回心转意！"

艾青不清楚这位母亲知不知道女儿和他这位中国穷留学生的故事。

女教师经过思想周折,最终还是决定跟着母亲回国去。当她把自己的决定告诉艾青时,他愣愣地看了她半天,才勉强笑着说:"你不会忘了我吧。"

女教师望着他,两只眼中含着泪水,摇摇头。

分别的前一天,艾青又去看望她。走进那座古老的住宅,往事一件件涌上心头。

女教师和他都显得很平静。

"以后说不定我会去中国的,咱们认识这么长时间了,我还从来没问过你家中有什么人。"

"我家中有父亲、母亲,还有妹妹、弟弟。"

"他们对你都好吗?"

"嗯!"艾青不想把过去的事对别人讲。

"你什么时候回去?"

"也许很快,也许还会在这里待几年。"

"那我说不定会去中国看你的。"她是很崇尚东方那个神秘的国度的,"可是那么遥远,要在海上漂泊多少天呀?"

"一个月多一点就到了!"

"那我一定会去的,你能等着我吗?"

艾青点点头,尽管他知道,这次分手,他和她几乎很难再有见面的机会了。

他拿出一本心爱的书,送到她的手中。

她打开,看到扉页上工工整整地写着:

当你拿起这本书时，

就会想到东方的一位少年。

她合上书，捧在胸口，眼睛深情地注视着他，仿佛在说："我永远不会忘记你。"

分手时，艾青又给她留了中国的通信地址。女教师没有留下地址。她只是说："我会找到你的，因为我喜欢你的画、你的人和你的国家。"

波兰女教师走了，像一片洁白的云，从艾青的视线里飘过，但她留下的友情甘露却深深地滋润了这个东方少年的心。他得到了除大叶荷外，第二个女性的温柔和爱慕，这种爱是纯真的、朋友式的。有意思的是，交往了这么长时间，艾青竟然没有问过她叫什么，而是一直以姐弟相称。

22. 书上的"红颜知己"

波兰女教师的出现，使艾青认识到自己的文学知识是那么的贫乏。女教师走了，艾青的文学渴求却与日俱增，特别是对诗歌的兴趣。

在许多著名的外国诗人中，他格外地偏爱凡尔哈伦的诗。艾青看过但丁的《神曲》，他觉得凡尔哈伦诗歌的结构有点类似《神曲》，背负着苦难的世纪，有着先知者的声音。凡尔哈伦笔下的欧罗巴，像一幅巨大的画卷，让这个东方少年心驰神往。

对于凡尔哈伦的身世，艾青也是了如指掌。

爱米尔·凡尔哈伦是比利时人，1855年出生于柴耳德河畔的一个叫作阿芒的镇子上。他的父亲是开油坊的，这一点多少有点像艾青开南货店的父亲。凡尔哈伦从小就喜欢文学，脑子里充满了幻想和奇异的词汇。他29岁才出版了第一部诗集《弗拉芒德的女人》。

艾青崇拜凡尔哈伦诗中的力度和锋芒，还有诗人移居巴黎后，晚年写的大量怀念祖国、家乡的诗篇，有时候读着读着就把他拉回到双尖山下的畈田蒋村，拉回到在大叶荷家的童年岁月，还有在金华、杭州时的种种往事中。

艾青要感谢那位波兰姑娘，她使他的法文有了长足的进步，这才使他有了与凡尔哈伦交流的桥梁。

"海澄兄，我看凡尔哈伦都成了你的'红颜知己'了。"李又然看他痴迷的样子，开着玩笑。

"不是'红颜知己'，是知音，真正的知音。"艾青得意地纠正朋友的说法。

说罢艾青又眉飞色舞地为朋友背诵了一首凡尔哈伦的诗，那种投入的神态，使人一看即明，他已经把自己融入诗中。而凡尔哈伦的诗歌，也汇入艾青的血脉，影响了他日后的诗歌生涯。

1950年艾青到苏联参观访问，曾瞻仰过列宁的故居，他意外地发现，列宁书桌上放着的唯一的一本书，竟是凡尔哈伦的诗集。列宁的夫人后来在回忆录中也说，列宁特别赞赏凡尔哈伦的诗。

在法国，艾青对文学的涉猎是广泛的。生活虽然是贫困窘迫的，但精神是自由自在的。他几乎把做工、画画之外的时间都用在了读书上。在巴黎他向周围的朋友借了不少中译本的俄罗斯文学作品，像果戈理的《外套》、安特列夫的《假面舞会》、陀思妥耶夫斯基的《穷人》、屠格涅夫的《烟》等，还读了许多法文本的诗集和诗作。

有时候读别人的诗作，他也会有种写作的冲动，想写上几首，可想想自己走的是美术之路，手中握的是画笔，面前摆的是画布，于是便压下了瞬息的欲念。

生活的不易和不断增加的阅历，使艾青对人生和社会加深了认识和理解。

与画布相对时，他总是全身心地投入到艺术的追求中去，寻找点、线、面、色调、光泽、质感的最佳效果。

与书本相拥时，他总是如一个孜孜以求的学子，虔诚地从前辈文学大师们的字里行间，汲取文学的养分和灵犀。

与朋友们相聚时，他又是另一番模样，大家谈文学、谈艺术、谈时事、谈政治，时而也一起抒发对故国家乡的思念、眷恋和怀想。艾青从这样的场合听到了许多新鲜的词和新鲜的事,他越来越觉得,在他个人奋斗的艺术小天地以外,还有一片更广阔的天地。

艾青确实应该感谢美术,画画使他养成了对世界上的人和事整体把握和细致观察的习惯。有时他夹着画夹走在街上,会突然被一个什么东西吸引住,他就会站在那儿注视半天,并迅速地用笔将一切留在画布或画纸上。

他不喜欢巴黎灯火辉煌物欲横流的气氛,看不惯那些富豪贵妇们得意忘形自以为是的模样,而喜欢把足迹留在街头巷尾的平民百姓和劳苦众生中。他的想象、他的经历、他的思维和他的创造都是与一种苦涩沉重的美相联系、相融会的。

在画室、旅店的小屋或其他什么地方画累了,画枯了,他就会到一些偏僻的街巷中去寻找灵感。

一个穿着褴褛黑制服的老人脸上闪着古旧的紫铜色的光。他那摇摆着的前额,溅着白沫的嘴开着诅咒的花,语言中染着饥饿的颜色,旧制服上三颗铜纽扣像三盏油已快干了的油灯,晃着淡黄的光。还有"皮肤里蜷伏着衰老的根须","皱裂的手掌"中紧紧握着生活的尾巴……

雨霏之夜的街头格外凄冷。那只泪眼般的街灯凝视着盖满铁屑的街和潮湿的石子路。从流着泪的窗玻璃中望见,街尾小咖啡店的暗角里,一位男子和一位少女的半身像凝固在侵蚀模糊的时间里……

艾青把叠在脑子中的景象写进后来的诗里。

23. 醉汉说："你是中国人吗?"

艾青是从朋友们的口中得知九一八事变的。

那天他去找几个朋友,发现大家的脸色都很沉重,有人正在慷慨愤怒地说着什么:

"日本人也欺人太甚了,炮轰奉天(沈阳)不算,还大举进犯,侵占咱们的东北三省。难道咱们中国就没人了吗?孰能看着它横行霸道这等猖狂?!"

"怎么没人,不是有那么多万的东北军嘛,咱也不是赤手空拳对人家呀!手里的家伙不是烧火棍啊!"

"哼!恐怕连烧火棍都不如。听说蒋介石下了命令'不抵抗',张学良带着东北军潮水般地往关内跑,不放一枪一弹,把整个一个东北,拱手送给了小日本!"

"奇耻大辱、奇耻大辱啊,咱中国这么大个国家,竟被小小的日本欺侮。"

"咱们在国外,不能直接解救民众于水火,但咱们也应尽一点力。"

"听说最惨的是老百姓,东北沦陷,老百姓都往关内跑,背井离乡地都成了亡国奴。"

呜呜呜——

有人竟抱头哭了起来。这是一个家在东北的留学生。

"哭有什么用,眼泪救不了你的父母兄弟,咱们得想办法为国尽力,干脆回国去与日本人拼个你死我活!"

大家呼应着这个提议,七嘴八舌地出着主意,可半天也没有想出一个办法来。

有人站起来说:

"诸君安静,我看这样东说西想下去未必有什么万全之策,咱们莫不如多看报听广播,密切关注时局变化,以静待动。如果国内暂不需要咱们回去,咱就仍然在这儿苦心求学,多学知识和本事,来日救国;倘若国内危险真需诸君,咱们便义无反顾地回去,以血肉之躯报效祖国。各位以为如何?"

"好!好好!"

"就这样办!"

众人齐鼓掌表示同意。

艾青也和大家一样,觉得这是目前最佳的选择。或许待在法国的时光不会太多了,他要抓住这有限的时光,多学些东西。

从内心讲,艾青真的很想静下心来画画、读书,但实际上已经做不到了,九一八事变的炮声搅乱了他心中的一泓潭水。每天早上只要一睁开眼,就仿佛听见遥远的东方天边传来同胞被涂炭的呻吟声。吃饭、走路、上课、画画、读书……不管在干什么事,都会不知不觉地联想到那块处在水深火热中的土地。甚至在夜晚睡眠中,也能梦到家乡亲人和战火。

一天,艾青像往常一样,背着画具出去写生。这段时间,他琢磨出了一个暂时忘却那些苦闷的方法,就是到巴黎繁华的地方去写生,人来车往,笛鸣声沸中可以充塞视听,这样的刺激稍微可以使他得到些许的解脱。

他找到一处繁华的街角,这里既可看到街巷的全景,又不至于妨碍过往的行人。他支好画具、选好角度观察了片刻,刚要落笔,一个法国人跌跌撞撞地来到他的面前,摇晃着身子,含糊不清地朝他喊道:

"喂!中国人,你是中国人吗?你们那个国家都快亡了,你还有心思在这里画画?不!你肯定不是中国人,你不是……"

那人说罢踉踉跄跄地一路走去。

艾青的心像被针扎了一样,再也没有画画的心思了。他收拾起画具往回走,那醉汉的话总在他耳边响着。

过了几天,同在法国留学的严济慈来找他。"海澄兄,咱们去看歌剧吧!"他举着两张彩色的票,"别整天自己憋在屋里闷头画画。"

严济慈并不清楚,艾青这段时间早没了画画的兴致。

"走,看歌剧去!"

艾青甩下画笔,跟严济慈出了门。

一路上,两个青年边走边大声说着感兴趣的话题。穿过一个地下通道时，一个手拿酒瓶的法国人突然指着他们嚷道："那两个中国人，这里是法国，是巴黎，应该讲法国话，听到没有？"

两个人的好心情，被法国人的斥责冲得无影无踪。艾青真想上去与法国人理论一番，被严济慈劝住了。

这场歌剧看下来，艾青和严济慈都已觉得味同嚼蜡，两个人满脑子都是刚才发生的事。难道我们的国家被日本人侵略了，我们在国外连说自己国家话的权利都没有了吗？

艾青觉得有种说不出来的东西在心中堆积，令他气闷，令他烦恼，令他不痛快。

还有更让人气愤不快的事等着他。

那天，艾青到一家咖啡馆去吃早点，突然听到有人对店主说："给我两个'中国人'。"

接着便有几个人哈哈大笑。

艾青到柜台边一看，血一下子冲上了头。原来咖啡店新添了一道酥软香甜的点心，名字竟叫"中国人"。

他想质问店主，为什么要拿"中国人"做点心名，这明明是侮辱中国人！可还没等他开口，又有几个顾客上前来买"中国人"，交钱端点心时，还不怀好意地向他晃晃头笑笑，然后大口大口地吞食起"中国人"来。

早餐不吃了，艾青摔下餐费冲出店门，巴黎冬日的风吹到他的脸上脖子里像针刺一样，但眼下心里的感觉比针扎还要疼啊!

这到底是为什么?中国受苦受难,这些人却幸灾乐祸落井下石?

艾青把自己碰到的事告诉朋友和同学,听到的人没有不气愤的。有人把拳头攥得咯嘣咯嘣响,却不知道该砸在什么地方。

画是不想再学了,国若不在,学画何用!有朋友介绍艾青参加一个叫"反帝大同盟"的组织,他同意了。

24. 圣约克街六十一号

转眼离开家已快三个年头了。平时不怎么觉得,可是一到逢年过节,那种游子的孤独感格外强烈。

对于家,尤其是畈田蒋村那个高围墙大瓦顶的家,艾青并不留恋,只是远离故土,远离生他养他的祖国才使他对家有了新的感念。他心中的家是东方那块贫穷又丰厚的土地,那里有他几万万同血同脉的骨肉同胞,又怎么能不起思念之情呢?

过完了1932年的元旦,艾青就盼着一个日子的到来。节中留学生们聚会,曾有位朋友通知他1月上旬参加一个重要的集会。几天来他有种迫不及待的感觉。

1932年1月16日,下着淅淅沥沥的小雨。巴黎圣约克街六十一号,举行"反帝大同盟东方支部"成立大会。

艾青赶到时,会场上已有很多人。摇曳的灯光下是一张张被热血灼烧的脸,所有的人都显得那么兴奋。

屋子很大,可依然是烟雾缭绕。会还未正式开始,人们三五相聚,或高声或低声或激愤或不语,用法文、日文、中文、安南文……倾吐着各自心中的积郁、脑中思考的苦恼和兴奋。这沸腾的情绪像地下的岩浆翻滚,寻找着冲出地壳的缺口。

艾青的心在激烈地跳,血也在奔涌,但他没有加入叫、喊、激奋的洪流,而是默默地坐在旁边注视着这振奋的场面。他觉得胸膛里有股文学的泉流涌动,流到哪里,哪里就发热。

会场上的人们开始把话题转到"反帝大同盟东方支部"成立的事上。有人控诉战争给家园和同胞带来的灾难;有人感慨自由的难得和珍贵;有人捶着桌面嘶喊着:"我们要自由!我们恨战争!"许多人的眼中闪烁着泪光,脸上淌着热汗。

艾青被这气氛和场面感染着,他有点后悔自己没有带画具来,不然该是一幅色彩多么强烈的画呀!摸摸上衣口袋发现带了一支钢笔和一个薄薄的笔记本,于是便拿了出来。他想用诗的形式,记录下这里发生的一切……

"反帝大同盟东方支部"成立的大会,在群情激昂的呼声中结束了。

顶着暗夜的冷雨，艾青回到了住处。夜虽已很深了，他却没有丝毫的睡意，躺在床上，圣约克街六十一号的一幕又在眼前闪现。翻了几个身仍然睡不着，他干脆一轱辘爬起来，点亮灯，坐在桌边整理和重写几个小时前写的那首诗，渐渐地他又沉浸在那种如火如荼的氛围中。

……
窗紧闭着，
窗外是夜的黑暗包围着，
雨滴在窗的玻璃上痛苦的流着……
房子里，充满着温热，
这温热在每个脸上流着，
这温热灌进每个人的心里，
每个人呼吸着一样的空气，
每个人的心都为同一的火焰燃烧着，
燃烧着，
燃烧着……
……
在这死的城市——巴黎，
在这死的夜里，
圣约克街的六十一号是活跃着的，
我们的心是燃烧着的。

艾青放下笔，深深地舒了一口气，释放了心中的情感，真是痛快极了。

他又拿起诗稿小声地读了一遍，认为还算满意，便在诗稿的前面写上"会合——东方部的会合"作为诗的名称，尔后又在诗尾工工整整地落上"一九三二年一月十六日　巴黎"。

艾青并没有想到这首诗半年后会发表，而且是在"左联"的机关刊物《北斗》上发表。

那时，他已回到上海和一位叫刘芳松的诗人同住一屋。刘芳松有一天偶然在书桌上见到艾青写的这首诗，读时竟然也热血奔腾。刘芳松觉得艾青有诗人的气质，不能让这个有才华的青年人埋没掉，就把艾青的诗稿寄给了《北斗》的主编丁玲。他在诗稿上附了封短信："编辑先生，寄上诗一首，如不录用，请退回原处。"

艾青不太想发表，但经不住刘芳松的再三鼓动，终于答应用"莪伽"这个笔名一试。

"这件小事，却使我开始从美术向文学移动，最后献身于文学。"

几十年过去了，当艾青已成为著名的大诗人后，回忆起自己诗坛的起步时，仍充满了感慨，是青年人对祖国赤诚的爱和对帝国主义的恨为他铺就了诗坛金字塔的第一阶。

25. "我们有红军!"

艾青终于下决心回国了。

其实在他参加"反帝大同盟东方支部"成立大会前就已下了这个决心,只是会后更加坚定罢了。

到法国一两年后,父亲就多次来信催他回国。当初是想他出洋去赚外国人兜里的钱,可眼见成千的"鹰洋"肉包子打了狗,父亲便想用切断经济供给的办法迫他回转,谁知倔强的儿子不但没有回来,反倒在那边扎下了根。这几年母亲一次次催父亲给他写信,希望他早日归返,哪怕是一无所成,也不愿看着他单枪匹马地在国外闯荡了。

艾青这几年收到父亲的信不少,但他回信却不多。直到九一八事变后,他才真的产生了回国的念头。不久他又接到了父亲的一封信和一笔钱,这多少使他感到些意外。原来,父亲为他寄来的是归国所需的路费。

这次,他从心里有点感激父亲,都说知子莫过父,不管他从前对自己怎样,在他正为回国路费发愁的时候,父亲助了他一臂之力。

他本来已开始打点行装,做回国的准备了,一位朋友找到他:"海澄兄,有件事情想求你帮忙。"那位朋友支支吾吾地说明了求助的原委。

原来这位一面之交的朋友和国内来的一位女同胞在异乡异地自由结合了。他们急于回国却苦于没有盘缠，跑了几个留学生处都没有借到，最后想到艾青，抱着试试看的想法来找他。

艾青虽然也是穷留学生，可是却有副侠义心肠，刚好父亲寄的钱又在手边，想想自己单身一人，晚回去几日也无妨，就痛快地答应了。

"海澄兄，真的不知该怎么感谢你了，"那位朋友拉着艾青的手使劲地摇，"你放心，我们回国后，会立即把钱寄还，一定！"

一对双飞燕回国了。

一个月、两个月、三个月过去了，回去的"燕子"没有寄钱回来，甚至没有来一封只言片语的信。艾青只得摇摇头想办法挣回国的路费。一两个月的辛苦，居然把路费挣了个差不多。

1932年1月24日，也就是参加完"反帝大同盟东方支部"成立大会的第八天，艾青和几个留法同学一起离开生活学习了近三年的巴黎，踏上了回国的路程。

像三年前来法国巴黎一样，他们还要经马赛搭船走一个多月的水路。

从巴黎到马赛的火车奔驰了一夜，艾青的归心也奔驰了一夜。巴黎三年，他经历了数不清的艰辛和磨难，也学到了许许多多的宝贵知识，虽然他如来时一样身无数文，但他觉得在精神上和知识上积累了一些"财富",这里的文化艺术环境和气氛,对他今后一生都有着不可低估的作用和影响。在时不觉得,一旦真要离开它,才觉得心中有些空落和留恋。巴黎城到处都留有他的足迹,还有和那位波兰女教师的一段友情。

天色微明,车轮的铿锵声依然节奏分明地敲击着银线般的铁轨。艾青被车窗外倏忽而过的景色感动了。几年来,在法兰西这块土地上,他第一次如此从容地浏览大自然的美景和田园风光。一座座青灰色的山坡,一片片紫蓝色的林子,还有充满了无限生机的绿色草原,草原上流动着鲜乳汁般的烟,以及一栋栋白墙红瓦的别墅、木屋、茅舍。

艾青感觉自己不是在开往马赛的列车上,而是在一幅幅迷人的西洋油画中穿行,在一个个童话故事中做客,他的内心有些冲动,于是顺手拿起一张纸,匆匆地记下一双画者锐目看到的景象:

……

啊,当黎明穿上了白衣的时候

田野是多么新鲜!

看,

微黄的灯光

正在电杆上颤栗它的最后的时间。

看!

与在列车上的感觉相反,在马赛等待登船的几天里,艾青的所见所闻又把他从梦幻般的田园风光中拉回到现实世界里。三年了,马赛竟没有多少改变,依然给人一种重金属的压迫感和黑色煤烟般的昏暗窒息。

不知为什么,他始终对马赛没有多少好感,他深深地感觉到,马赛是"财富和贫穷的锁孔""掠夺和剥削的赃库"。

1月28日,艾青和几个同学真正踏上了归程。当邮轮低吼着离开马赛港的时候,远在万里之外的祖国和她勇敢的儿女们,正在上海同日本侵略者进行血战。

艾青是在苏伊士运河上得知一·二八事变的消息的,这时,船已在海上行驶了五六天。

那天是2月3号,虽然阳光照在泛着光波的水面,但他却没有一点温暖的感受。

望着两岸远去的沙漠,太阳仿佛失去了威严。暗的风,暗的沙,还有旅客暗淡的心,连船都似乎在暗云遮蔽的河上行驶。

站在船舷边,艾青又掏出纸笔,记下了此时此刻的心情,这已是半个月以来他写下的第三首诗了。

回国的海途中,艾青的心是很不平静的,船行的仍是三年前的海路,不同的是,那时是去国心如火,此刻是归国心似箭。三年光阴、三年青春，他如今已不是那个求知心切、对法国抱着无数幻想的少年了。三年的学艺生活，三年的留学经历，三年的漂泊岁月，已使他成熟了许多，收获了许多，充实了许多。对于人生、艺术、国家、个人都有了属于自己的理解和认识，总结一千多个日子，最使他感到欣慰的，不是艺术上的提高，而是精神上的升华。他觉得自己已经从一个少年跨入了真正男子汉的行列。

一种对国家、对明天的信念，已在心灵的沃土中扎根生芽。

船在海上颠簸行驶二十多天了，红海、印度洋上的海风和浪涛，伴着艾青时而激昂时而绵长的思绪，再过一两天就要到湄公河口了。眼瞅着离家越来越近了，艾青和同行的留学生们都有些着急，都恨不得明天就登上祖国的土地。

归程的法国船上，艾青还结交了几个法国兵。他们的部队也是从马赛登的船，要去上海执行任务。

那天艾青和两个法国兵在甲板上聊了起来，一个法国兵说起战争，很有感触地说："德国人是很野蛮的。"

"为什么这么说？"艾青问。

"德国人不讲理，我们不打他们，他们也打我们。"

艾青点点头，心里却并不明白。

"你们中国人也是野蛮人！"法国兵又说。

"胡说！"艾青有些气愤，"你有什么理由说中国人野蛮?"

那个法国兵支支吾吾地说不清。旁边的一个赶忙把话头岔开。"蒋君,咱们不谈这些,"他耸耸肩摊摊手,"你能帮我去买瓶酒吗?"

"难道你自己不能去买吗?"艾青问。

"我不敢去,上边知道了要受惩罚的。"

"那就别喝了嘛!"

"不喝酒没有力气!"他弯起胳膊攥攥拳头。

"你要力气干什么?"

"当兵的当然要有力气。"

"那你可以不当兵啊。"艾青又说。

"唔唔!"法国兵摇摇头,"蒋君,你真奇怪。不当兵哪里来钱呢?"

"要钱干什么?"

"买酒!有了钱可以买酒!"

艾青还要发问,法国兵不高兴了,嘴一噘眉一皱:"你想耍我,我要揍你!"

艾青也摇摇头,耸耸肩:"对不起,我可不是想耍你,只是没有为你买酒的义务!"

法国兵无奈地离开了。这毕竟已不是在法国的土地上了。

在邮船上,艾青他们还遇到了这样一件事情。

由于乘坐的是四等舱,艾青他们一路上伙食很差。大家起初还忍耐着,以为慢慢也许会好起来。谁知日复一日,不但没有长进,反倒"江河日下"。四等舱的乘客们怨声载道,忍无可忍,便嚷嚷着去找船长抗议。人多嘴杂不可能全都去,就推选了两名代表,一名是艾青,一名是个姓鲍的留学生。

众人所托,艾青没有拒绝。两个人带着众人的要求来到船长办公室。

船长是个很帅气的法国人,趾高气扬地坐在漂亮豪华的办公室里,听罢两个代表关于伙食太差的抗议和改膳伙食的要求后,拿出一本厚厚的大书放在桌子上,翻开,指着一页说:"你们的抗议我不能接受,什么样的等级,吃什么标准,这上面都有规定,明明白白的。"

"可我们去法国时也乘同样的船,吃得为什么比你这条船好呢?"

"那我怎么知道?是这几年你们在法国把口味吃高了吧!"船长讥讽地说。

"你要是不改善伙食,我们到上海后会到轮船公司去告你!"

"好了,好了,年轻人,现在日本人已经打到你们中国了,你们还……"

"日本人打中国,我们自有人去抵抗的!"艾青打断船长的话。

"抵抗?你们有谁呀?"

"冯玉祥！我们有冯玉祥！"姓鲍的同学有力地说。

"哈哈哈，冯玉祥？"船长不屑一顾地笑笑，"我知道的，冯玉祥是个基督教徒，基督教徒！"

艾青感觉到船长在蔑视中国人，血往上一冲，喊道："我们还有红军！"艾青声音提得很高，"你们跑到中国去干什么？还不是去抢中国的东西，搜刮我们的财富！"

"这……"船长被艾青的话噎得不知该讲什么，脸红了一阵，才伸了伸手走过来拍拍艾青的肩膀说，"好了，好了，年轻人，不谈这些了。你们回去，我会考虑你们的要求的。"

第二天，伙食果然有了改善。

大家庆幸的同时也为艾青捏了一把汗，说不定到了上海码头，艾青会遭到船长的报复。幸好这件事没有发生，也许船长是碍于上海到底是中国的土地，而不是巴黎，不是马赛。

3月26日，航行了几十天的海轮到达了越南的湄公河口。

夜深人静，港内风平浪缓，艾青睡不着便爬起来看市区夜景，闪烁的红绿警灯与隐隐传来的夜市之声，勾起了他对人世间各种不平之事的愤懑之情，于是他又疾笔写下了一首诗，在诗的最后一段写道：

黑的河流，黑的天，

在黑与黑之间，

疏的，密的，

无千万的灯光，

看吧，那边是：

永远在挣扎的人间。

远离故土时想家，快到家时心却沉重起来。

船离开湄公河口，于4月上旬到达香港。在香港停留的四天里，艾青听到了很多国内的事。这一个个消息证明了他在湄公河口时的预感。他不知道，几日后在上海等待他的是一种什么样的情景。

经过了几十天的海途奔波，艾青终于真正地踏到了上海的土地上。

迎接他的是在屈辱中呻吟着的祖国，船进浦江，缓缓而行，两岸是战后的疮痍和呼啦啦飘动着的日本"膏药旗"，船上所有的中国人都沉默了。

艾青站在甲板上，口中轻轻地念叨着："祖国，我回来了，你的儿子回来了啊！"两行热泪淌过两颊，滴落在甲板上。

第五章

男儿有热血

26. 回到畈田蒋村

在上海,艾青没有耽搁多久,因为这里的一切,让他看了都觉得沉闷和痛心。离家去国三年多,一种强烈的恋家思乡情绪牵扯着他,于是便告别了同归的学子们,匆匆地赶回了金华的畈田蒋村。

回家的途中,艾青有种淡淡的愧疚。几年前,他是那样兴冲冲地飞出家乡,如今,他形只影单地回来,望着熟悉的一切,他该怎样向家人谈这几年的岁月呢?给亲人带回些什么呢?除了背包中那些"离经叛道"的书和一卷画,他只有空空的两手和一个忧郁的影子,以及内心深处对日本侵略者的仇恨。

父亲好像并不在乎归来的游子是否空手而返。对于儿子当年的许愿他似乎也淡忘在脑后。儿子能浪子回头已使他感到满足。在他的观念里,年轻人在外碰碰钉子是有好处的,如果海澄从今往后能够安下心来在家里打理家业,助他一臂,那当年所花的几千鹰洋也不算枉费。所以儿子回到家蒋忠樽和楼仙筹都一改以往对儿子的态度，显得亲近了许多。

不管怎么说，儿子总归是留洋回来的。单这一点，在小小的畈田蒋村以至远近的十里八乡也是一个令人羡慕的话题。

大哥回来，弟弟妹妹们更是高兴。几年不见，一朝相聚，他们恨不得向这个心中的偶像提出一千个问题。

在这个家里，艾青对几个弟弟妹妹的感情是很深厚的，同样是几年不见，他们也都长得像大人了。这些年他在外读书，人虽不能相近可心却始终没有分离。

一连几天，艾青和弟弟妹妹们欢聚交谈，话如泉水，流淌不完。家里的话题谈得差不多了，艾青就讲述在法兰西那块异国土地上的见闻，还有一路的风光和风土人情。他讲得绘声绘色，他们听得津津有味，大有亲身去那个天边的地方一游一览的感觉。而且每次讲罢，几个弟弟妹妹都要让他再来个小段儿，像舞台上的节目返场，再添点回味的余地。若是艾青自己讲得尽兴，他会拿出带回的名著，选上一段精彩的，声情并茂地朗诵一遍。

连蒋忠樽和楼仙筹有时也会走过来，静静地坐在一边听上一会儿，儿子的口才和脑子里装的东西竟是这般丰富，是他们做梦也想不到的。

回到家，艾青没有忘记的另一件事，就是到村北去看望奶娘大叶荷和她的几个儿子。

国外几年，每逢他感到孤独和寂寞的时候都会想到奶娘，只要想到奶娘，想到她对自己的期望和希冀，孤独和寂寞便荡然无存。分别这么多年了，奶娘始终用温软的胸脯和劳动的双臂呵护着他的心。

在大叶荷的坟边，他像儿时一样悄声地述说了自己这些年来的思念和作为。微风轻拂，碧草摇曳，仿佛是奶娘的发丝轻抚他的面颊。

艾青特意去见了大叶荷的几个儿子，他的几个哥哥。起初，他们似乎对他有点淡远了，但很快又一如既往地亲密起来。艾青很高兴，因为时间和彼此的家境与身份丝毫没有破坏分裂他们之间的兄弟情谊。艾青和哥哥们在田野上、山坡上跑跳打闹的岁月好像就在昨天。

重逢的喜悦是令人欣慰的，但不能天天沉醉在重逢的气氛中。当生活步入往日的正轨以后，艾青渐渐感到在小山村生活的诸多不适应。这里消息闭塞，虽然平静却令人气闷。父亲跟他谈了几次，想把一些家业交给他管理，他总是摇摇头说自己没有经验。再说他是见过大世面、大波折的人，又怎么能够甘心守着这古旧家具般的宅院，日出而作日落而息呢？

不管父母如何挽留，艾青还是决定再次离开家去开拓自己人生的路途。

在畈田蒋村的不到一个月的日子里，还有一件事在艾青心里搅起波澜。回家后的一天，父母把他叫到房中，拿出一封国外邮来的信,说是前些日子收到的。艾青拿过信一看,原来是波兰女教师的来信,信中还夹寄了一张她的单人照片,望着她双手托腮独坐床头的照片,艾青心里一热一酸。真快,转眼已分手一年多了,她真的还在想着他。艾青清楚自己应该给她回一封信,但又苦于法文的表达能力有限,他想等哪天离开乡村,找到个法文好的同学,一定尽快了结这份心愿。

父亲不知艾青收到的是封什么信,但那张洋女人的单人照片他见到了,于是劝艾青说:"莫要理她吧,我看你年龄也不小了,寻个贤惠的媳妇,该好好地过日子了。"

艾青哪里听得进父亲的劝告,他那颗心早已又飞出了偏僻的山村。

离开家去什么地方呢?艾青首先想到了杭州。他要回母校看看老师、校长和同学们。

五月,是杭州的花季,艾青还没有来得及去学校,就在街上碰到了当年的同学力扬。力扬拉着他的手左看右看,并问他回来后为什么一直不露面。

"我回了趟家,住了一段时间,这两天刚来杭州。"

"你下一步准备怎样打算?"力扬关心地问。

艾青摇摇头:"我还没有想好,想先去学校看看老师、同学,再找工作!"

"咱们去上海吧!"力扬眼睛闪亮。

"去上海?"艾青有点拿不准主意。

"对！上海有个美术团体'中国左翼美术家联盟',很有影响,你从国外回来应该加入这个组织。"

"你是这个组织的成员?"艾青问。

力扬点点头:"国难当头,身为炎黄子孙,热血男儿,怎能不为国家兴亡尽匹夫之力。咱们有一己之长,正是为国报效之时啊!"

艾青被力扬一席话说得热血沸腾,回国一月有余,他找的寻的不正是这样的机会吗? 如今友人指路,他岂能轻易放过。

"力扬兄,你不必再说了,咱们立刻就动身去上海!"

"海澄兄,你办事还是那样风风火火,我喜欢你的这种脾气!"

力扬重重地在艾青肩头打了一拳,两人会心地笑了起来。

27. 春地美术研究所

艾青到上海后和力扬一起,临时住在了西门路西城里的一间弄堂房子中。安顿好住处,他便跟着力扬去办加入"中国左翼美术家联盟"的手续。很快,他就成为"中国左翼美术家联盟"的正式成员,被编在第四小组第二特组里。

美术家联盟的活动会址原来在江湾,一·二八事变的战火使"美联"的家被毁,为了尽快恢复工作开展活动,田汉受"中国左翼文化界总同盟"委派,专门组织"美联"的一些盟员开会。

那天的会是在霞飞路上的一家咖啡馆里召开的。艾青也参加了。大家热烈讨论,通过了"美联"的新任领导人,还布置了下一步如何运用美术的武器开展各种活动的事。

开会回来,艾青异常激动,一个念头在他心里生成。

过了几天,艾青、江丰、力扬、黄山定、吴似鸿、于海等青年画家聚到一起,竟不谋而合地提出想在过去"一八艺社"的基础上,创办一个新的朝气蓬勃的"画会"。

统一了想法,大家便分头行动起来。有人筹款,有人找房,有人联络画友。很快,各方面都有了着落。

几个经济上稍有宽裕的画友主动解囊,凑了一笔开办经费,鲁迅得知消息,也襄助了二十元钱。

几经选择,画会在法租界西门路山东会馆附近的丰裕里四号租下一间房,以此作为活动的场所和教学的地方。

有了地方有了经费,画会已是万事俱备,一日众人会集在一起,研究画会的活动项目,有人说:"师出得有名,名正方能言顺,咱们的画会也应该有个响亮的名字才是。"大家立即七嘴八舌地议论起来,想了几个都不很理想。

力扬对大家说:"我看咱们大家别瞎想了,海澄兄是才子,已有诗作问世,咱们还是请他起个吧!"

大家都觉得这个意见好。

艾青想了想说:"既然诸位看重我,那我也不客气了。春是万物之生源,春风一过,万物复苏,万象更新,咱们在当今这时代里,为民众、为青年美术爱好者们开辟一处清新的艺术田地。我想就叫'春地美术研究所'如何?"

"好!这真是太贴切了,正是吾人心中所想欲达之意!"大家一致同意艾青的命名。

几天以后,也就是1932年5月22日,经过积极筹备和运作的"春地美术研究所"正式开学了。

所里为求学者开设了石膏、人体素描和户外写生三个科目,同时还分别附设了漫画、木刻和文学的研究会,以及美学和英、法、日、德、世界语等多种语言研究会。

除了艺术文学方面的实践和教学,还进行美术、社会等多学科的理论研究探索。

为了扩大影响,在5月30日的《文艺新闻》上,还公布了研究所的成立宣言,提出"艺术必须成为教养大众、鼓动大众与组织大众的武器","以及把艺术深入群众中……在广大艺术爱好者的合作下而走向健全的道路上去"的宗旨和口号。

"春地美术研究所"一诞生就受到众多美术同行的拥护和支持,不长时间,周围便聚集了十多位青年美术工作者。大家用自己的力量积极工作,吸引了大批美术爱好者。

艾青更是全身心地投入到研究所的工作中。他一方面担任业余美术爱好者们的美术辅导，一方面还承担着文艺的评论和介绍工作。由于工作紧张，艾青每天总是很晚才睡，而清早一睁开眼，又立刻投入到火热的工作中。

6月初，新的一期《文艺新闻》出版了，艾青在上面发表了两篇文章，一篇在美术版上，介绍法国画家的《乌托里育》，这位以反映巴黎下层人民真实感受和生活的画家及作品，通过艾青的文章鲜活地介绍给了中国的美术爱好者们；另一篇是刊登在诗歌版中的《十二个诗人》，这是一本法国的革命诗集，艾青在巴黎就曾读到过，集子中那些激昂的诗，曾撼动过艾青的心。如今，他要如实地原原本本地把它们介绍给中国的读者。

作为一个民间的艺术社团，春地美术研究所的经费是比较紧张的，集资而来的经费，要交房租，举办活动，添置简单的画架、桌凳和黑板，还要给聘请的模特和公务员陈大爷开每月十元钱的生活费。研究所的所有教员及工作人员全是义务工作，谁也不从其中提取分文。

工作开展起来以后，春地美术研究所的同仁们又在考虑拓展新的宣传领域。有人提议：配合"红五月"宣传活动，咱们为何不在上海、杭州两地广泛征集美术作品，举办一次画展，这样影响一定会很大。这主意得到一致赞成，于是筹备工作立即上马。

对于"春地"的工作和活动,鲁迅和冯雪峰都是竭力支持的。听说春地美术研究所要办画展,鲁迅先生便主动地把自己珍藏的德国著名女版画家凯绥·珂勒惠支的《农民战争》和《织工起义》两幅作品送出来参展,同时他又告诉春地美术研究所的人,自己与德国汉堡嘉夫人六月初在瀛寰图书公司合作办的德国版画展上的几十幅作品展完后也拿来参加这次画展,为青年美术家们的画展助一臂之力。

听到鲁迅先生的承诺,春地美术研究所的所有人都备受鼓舞。

有这样一位受人尊敬的长者的鼎力支持,还有什么困难不能克服,还有什么事情不能成功。

艾青在准备画展的那些日子里,忘了吃饭,忘了睡觉,他和力扬、江丰等朋友们商定,就是不吃不睡、累垮掉肉,也要把这次画展办好,以此来报答众多关心此事的朋友们。

28. 鲁迅先生的五元钱

1932年6月,筹备多日的"春地画展"在位于八仙桥的上海基督教青年会的楼上一间展厅中正式开幕了。开幕的第一天就来了许多人。除了青年美术业余爱好者外,还有许多文化艺术界人士和其他各界人士。

画展的格局是艾青和同仁们精心布置的,虽然资金不多,场地有限,但他们还是尽可能地使画展的布置完美一些。

画展的内容和作品的质量也是精心挑选的。

除了鲁迅先生送来的几十幅德国著名版画,主要展出的还有春地美术研究所的青年美术家们以前的和新为这次画展创作的美术作品百余幅,不但有油画、木刻,还有水彩画、漫画等。这些出自青年美术家之手的艺术品,除了艺术上、技巧上的创新与探索外,在内容上也没有那种颓废旧习的脂粉气息,而是贴近现实地表现了劳动阶层民众的苦难和挣扎,以及奋斗和抗争。

春地画展上的作品震撼了来参观的人们,特别是木刻作品非常引人注目。

画展最初只打算举办三天,可是到了第三天下午,前往参观的人仍然络绎不绝,大家看到这种状况,都建议再增加几天,既然如此受欢迎,怎么能违背民意呢?再延展十天。这样的影响和轰动也是大家没有料到的。

画展开幕的第四天,《文艺新闻》上登出了一篇介绍"春地画展"的文章,题为《最青春的一页》。

在文章中,作者对画展作了肯定和积极的评价,说:"近来中国艺术运动上最青春的一页,其中之木刻作品,实可与外国木刻相抗衡,而为中国木刻运动上之一新阶段。"这篇文章令艾青和大家备受鼓舞,他们的辛勤劳动得到了社会的承认,流下的汗水变成了艺术之花,开在了众人的心中。

艾青为这次画展也准备了自己的作品,用现在的眼光来看,是幅抽象派的画作。虽然谈不上有多好,但是艾青自己非常喜欢画的感觉和线条色彩。那是一颗不羁的、向往大千世界缤纷色彩和生命之光的心的展示,以及诗人多向思维、多元观念的抒发。艾青在画作上属了"莪伽"两字。

最令年轻画家们激动的不仅是如织如云的参观者们的到来,还有一个更重要的兴奋点,就是鲁迅先生带话过来,说近两日要亲自来看看画展。哪一天来,尚未定下。

画展期间,春地美术研究所的成员要轮流值班。自从听说鲁迅要来的消息后,艾青就想:要是鲁迅先生来的那天是他值班就好了,但又觉得,哪就有那么巧的事,这么多天,先生偏偏会这一天来?

事情偏偏就是这么巧。这天又是艾青值班,已经到了下午,鲁迅先生在夫人许广平的陪同下突然出现在二楼展厅的门口。

艾青是第一次见到先生,不过,他一下子就认了出来,因为鲁迅先生是他最崇拜的人。他热情地迎了上去。先生微笑着跟他握握手,便走到入口处的桌前,拿起笔在留言簿上签了名字。艾青看到,鲁迅先生的签名很工整,却很小。

鲁迅先生放下毛笔，对艾青和其他人说了几句祝贺画展开幕的话，然后请艾青引他们参观。

艾青的心有些扑扑跳，他是第一次陪大人物参观，一时不知该说些什么，怎样说才好。

鲁迅先生并不介意，边看边问，问问这问问那，很是亲切随和，艾青的心很快平静下来。

艾青没有想到鲁迅先生对每一幅画都看得那么细，有时甚至会问到作品中的细节技巧，凡是先生问到的，艾青总是尽力回答。先生夫妇频频点头。

鲁迅走到艾青参展的画作前，停下了脚步，他抱着双臂偏着头观赏了片刻，转身问道："这幅画是原作还是复制品？"

艾青并未料到鲁迅先生会在他这幅抽象作品前过多驻足，更没有准备先生会问起些什么，于是回答说："是原作！"

"是原作那就算了。"

先生说完，又欣赏了一会儿艾青的画作，若有所思地点点头，才继续参观下面的画作。

艾青继续陪着鲁迅夫妇看画，此刻他已感觉自如多了。

参观完整个画展，鲁迅又当场购买了十余张木刻作品，同时又向画展捐了五元钱。

艾青立刻写了个收条递给鲁迅先生，先生看看包好的木刻作品，又把收条用手轻轻一揉，顺手悄悄扔在了墙边的纸篓里。

这一切艾青都看在眼里，他没有说什么，心里对先生举动的钦佩之情可想而知了。

临别，鲁迅站在展厅门口又环顾了一下画展，说："很好！总算是打出去了！"

从鲁迅先生满意的语气中，艾青知道了他对这次画展的评价。

送走了鲁迅先生和许广平先生，艾青的心久久不能平静，虽然这是他第一次与先生见面和交流，但先生的一举一动、一言一行竟那么深刻地刻在他的心里，特别是先生还在他的画作前注视欣赏了半天，问是不是原作……

"哎呀！"艾青忽然一拍脑门，他似乎悟到了什么，"鲁迅先生问是不是原作，是说明他喜欢这幅作品，而自己当时竟木然不知，那么迟钝没有反应过来。先生喜欢应该把这幅画送给他才是，可我怎么……"

艾青又重重地捶了几下自己的脑袋。

他把这件事讲给朋友听，大家都替他惋惜，有人宽慰他："以后还有机会见到先生，到时候，你再把画送先生，不就补救了吗？"

艾青再也没有机会见到鲁迅先生，这个遗憾他竟带了一辈子。岁月流金，人世沧桑，直到暮年，有人问起"春地画展"他还会讲起这段往事,鲁迅先生在他心里留下的印象太深了。

29. 法国巡捕来了

"春地画展"的影响,像春天播下的种子,很快从沃土中发芽,位于上海法租界西门路上的"春地美术研究所"的活动也更加频繁和活跃了。

这时,艾青又想到了仍在法国的好友李又然。他来信说因经济困窘无法回国。艾青写信给李又然的家人,请他们给远在异国的他寄些钱去,让他能够尽早回国。

春地美术研究所的积极活动,吸引了许多寻找进步和艺术的年轻人,大家在一种信念的追求下抒发着爱国情怀,但同时,这些活动也引起了租界当局的关注。他们的活动被记上了巡捕房的备忘录。

大家发现,经常有形迹可疑的人在外面探头探脑。

有人提醒说:"活动要谨慎一些,免得惹来麻烦。"可大多数人认为,咱们没做违法的事,难道艺术救国还有罪不成?

7月12日晚上,春地美术研究所照常活动。这天,请了肖聪给世界语班上课,肖聪是"中国左翼世界语联盟"的会员,他的课讲得很生动,听的人不少。正讲得起劲时，突然冲进来一帮拿枪使棒的人来，大家一看，竟是十几个法国巡捕和包打听。

"谁也不许动，你们已经被包围了。租界里不允许非法集会，我们要搜查！"一个巡捕头模样的人厉声叫道。

"我们是正常的学习，并没有非法集会，我们抗议你们这种行动！"

教员和学员们沸腾起来。

"都给我站到一边去！"巡捕头儿一挥手，巡捕们便连推带搡地把大家赶到了屋子的边上，尔后一帮人又翻箱倒柜地搜查起来。

这天，艾青刚好和江丰、李岫石等五六个朋友研究下一步的工作，只有力扬一人去一所学校办别的事。巡捕的突然袭击把他们都堵在了屋里。

艾青坐在一只旧沙发上，心里有些不安，因为屋里的箱子中还有不少进步漫画和宣传品，这些东西，说不定会引来麻烦。

果然，巡捕从"语联"的老师肖聪身上搜出了一个牛皮纸信封，又从信封中抽出一份印有镰刀斧头图案的"语联"小册子来。

"这是什么？"

巡捕头把小册子甩到艾青面前，又有两个巡捕抬过一个箱子放在当中。

一个包打听走到艾青身边，恶狠狠地用法文说道：

"你是共产党!"

明明是中国人,却偏偏要用蹩脚的法语问话,艾青鄙夷地瞟了他一眼,故意假作听不懂法文地对这个洋奴摇摇头。

"你是共产党!"包打听又重重地说了一遍。

"什么共产党?"艾青一副不懂的样子反问道。

包打听脸腾地冲了血,张嘴又要说什么。

"不要对他啰唆了!"巡捕头一把扒拉开包打听,不耐烦地命令人打开木箱。

箱子打开了,巡捕头弯腰从箱子上面抽出一张纸扔到艾青面前:"这是什么?"

艾青看到面前的地上是一张漫画,丑态百出的蒋介石正趴在地上舔着帝国主义的臭脚,于是平静地说:"这是反对帝国主义呀,你们法国不是也允许反对帝国主义吗?"

巡捕头子想发作,眼睛瞪得奇大。

艾青又说:"难道不对吗!我记得巴比塞、罗曼·罗兰不也反对帝国主义吗?"

在法国时艾青就非常崇拜巴比塞和罗曼·罗兰这两位伟大的作家,他们都对帝国主义战争有着深刻的批判和揭露。

巡捕头被艾青顶得无言以对,他隐隐约约地知道罗曼·罗兰,而对巴比塞则从未听说过,心想这个青年人不好对付,于是又从箱中翻出一张进步宣传画来,画上是一群工人举着红旗走出工厂大门,上街示威游行的场面,他用手背敲敲画,趾高气扬地说:"哼!这张画你还有什么可说的,纯粹是宣扬暴动和抗拒政府。"

"这不过是一张水彩画而已,何况你们法国不是也允许工人游行和罢工吗?"艾青不甘示弱地说。

"这张画是哪儿来的,说!"

"不知道,我以前没有见过这张画。"

"你?!"

法国巡捕头被激怒了,他从来没有遇到有人敢这样顶撞他,而且还是个中国的年轻人。他伸出手狠劲地向艾青的脸上捆去。

"你这是耍野蛮!凭什么打人?"

巡捕头甩甩手声嘶力竭地喊道:"放肆!这里是法租界,是我们的天下,你要煽动闹事,我就把你抓起来!"说罢,命令手下人把艾青抓起来。

巡捕头转过身去审另外几个人时,两个包打听把艾青架到房角,小声对他说:"你这个人别太拗了,你会法语,我们听得出来,你何不跟他说法语,说你是来这儿看朋友的,说不定他还会放了你呢!"

"哼!"艾青轻蔑地看着两个包打听,"他是外国人,在中国的地盘上这么霸道,难道我还能向他乞求?我是中国人,不是洋奴!"

两个包打听尴尬地摇摇头耸耸肩,觉得对这个年轻人无话可说了。

艾青也把头别向一边。

一阵搜查和审问过后,艾青和江丰、李岫石等十多位青年一同被巡捕押回了巡捕房。春地美术研究所被以宣传赤化煽动工潮的罪名查封了。

虽然自己已经被捕了,但艾青想得更多的还是朋友的安危。他暗自庆幸力扬能躲过这场灾难,只要春地美术研究所有人在外面,就能够很快地恢复活力重新战斗。

谁知不久,力扬也被抓了进来。

原来那晚力扬回来,发觉出事了,赶紧走过门前,路人一样地躲开了。他跑到一所学校宿舍去找熟悉的朋友,迎面碰上巡捕押着一名认识的教员,这次想溜也溜不成了,巡捕让他不要动,力扬知道大事不妙,就悄悄把兜里几张为苏区募捐飞机的票券团了团,顺手丢在床下。谁晓得这一切被一个眼尖的巡捕瞧见,从床底下拾了起来,一看,二话不说,便将力扬也抓了起来。巡捕问明力扬的住处,又去翻腾了一顿,刚好艾青和力扬同住一屋,巡捕们把艾青的《列宁全集》《人道报》和从法国带回来的诗集等统统抄走了。

艾青是在法租界管辖的第二看守所见到力扬的,当时两人都想说话,却又都没有说话。

"你认识他吗?"巡捕指着艾青问力扬。

力扬摇摇头。

"那你呢？认识这个人吗？"巡捕又指着力扬问艾青。

"不认识！"艾青回答。

一个包打听在边上发话了："蒋海澄，别跟我们兜圈子了。你们的住处我们都'拜访'过了，还说不认识？"

"既然你们已经知道了，还问我做什么？！"

巡捕们一时没话，推推搡搡地把他们关进了囚室。

30. 法庭上的硬汉子

牢房的大铁门"咣当"一声闭合了，囚室里显得一片黑暗。半天，艾青的眼睛才适应了环境。他借着小小的囚窗射进来的微光观察着周围，发现冥冥中竟有那么多双眼睛在闪烁。

一股浓烈呛人的浊气直冲他的鼻子和咽喉，险些呕了起来。

这是一间环境极端恶劣的牢房，不大的空间居然关押了 24 个囚徒。牢内的破板铺上只能挤着睡 12 个人，另外的一半人只好席地而睡。

由于是夏日，除潮湿和闷热外还有污浊和蚊虫袭咬。艾青从小吃过很多苦，可在这种恶劣的环境和条件下生活还是头一次。

"这里简直不是人待的地方，咱们不能这样忍下去！"

有人气愤地骂道,于是大家七嘴八舌地骂了起来。

"我们是人,不是畜生。"

"反对虐待犯人!要求改善条件!"

"不让我们舒服,你们也别想舒服!"

"开门!开门!"

咚咚咚的敲门声和叫喊声,引来了看守所的长官。

"嚷什么?嚷什么?你们这帮家伙,在外边不好好地活着,进来了还想闹事?!"

"再闹!再闹连饭都不给你们吃了,饿你们几天,看你们还闹不闹!"

长官一会儿软一会儿硬,但面对软硬兼施,大家没有丝毫退让。

一连数日,大家为改善牢房生活条件的斗争始终没有停止。在这场斗争中,艾青和一起被抓进来的同事们是主力。

看守所方拒不让步,不开门,不减人,不安电风扇……

艾青他们看没有达到改善条件的目的,商议决定,进行绝食斗争,不达目的绝不罢休。

看到事情越闹越大,看守所也有些憷头,这帮年轻的"政治犯"不是好对付的,索性把他们转交引渡给国民党政府去解决吧。

1932年8月16日,国民党江苏省高等法院第三分院法庭上，法警林立，气氛森严。

关押了一个多月的"春地美术研究所"成员，终于被带上法庭，当局要对他们进行开庭审判。

几十天囚牢的日子，真是很苦很艰难的，如今虽然是面对审判，所有的人都没有畏惧。

艾青听到庭上有人高喊："传被告蒋海澄到庭——"

喊声未落，他已大踏步地跨进法庭。

站在被告席上，艾青抬头直视审判席，五名法官面目严肃地坐在那里，旁边还坐着其他许多人。虽然是第一次经历这样的场面，但艾青似乎早已有了思想上的准备。

"蒋海澄，你姓什么？"一个法官大声问道。

"你不是已经知道了吗？"

"叫什么？"法官又问。

"蒋海澄！"艾青干脆地回答。

法官点点头，又问："你——是共产党的头头吧？"问话时，法官双眼狠狠地盯着艾青的脸。

"去你的！谁是共产党的头头？"

"你——"法官被艾青的话噎得够呛，想发作，看看边上的同行，咽了口吐沫把火压了压继续问，"那么，你一定是《人道报》的主笔了？"

"去你的，谁是《人道报》的主笔？"

"那为什么会在你的住处搜到《人道报》呢？"法官开始列举证据。

"我怎么知道?"

无论法官怎样威胁,艾青就是不承认自己有罪。

法官无奈,又把话题转到其他方面:"蒋海澄,你在'春地美术研究所'干什么?"

"描石膏。"艾青想都不想地回答。

"描……"

问话的法官没有听懂,又问了一遍,还是没懂,他怎么会知道描石膏是怎么回事,于是转过脸问身旁的法官,谁知五个法官都面面相觑,不知所以然。

"除了描、描石膏,你还干什么了?"

"画木炭!"

又是一个令人挠头的回答。

艾青看着审判席上的几个道貌岸然的法官那副尴尬难受的模样,几乎要笑出声来。

"行啦!"首席法官板着面孔说道,"本法庭不再听你们的胡言乱语,现在请出示被告的罪证。"

法警一件件地把巡捕在春地美术研究所搜到的东西展示给法庭上的人看,出示完毕,又审其他的人。

最后,法庭宣读了对艾青等人罪状的判决。

一个尖厉刺耳的声音在法庭中回响:

"……从所内搜出之美联四月份工作、美联章程、名单登记表及历次会议记录,并按期发行美术画报等大宗宣传品,认定春地美术研究所即为左翼美术联盟之机关,且系以危害民国为目的而组织之团体,并有宣传与三民主义不相容之主义之行为,而蒋莪伽、季春道、李岫石均经加入联盟,既有美术登记表及联盟员履历足资证明,蒋莪伽、季春道并曾列席于联盟会议,复有记录……"

宣判者用力过大,嗓子干裂,于是停下来喝了口水,清清嗓子继续宣读:"复有记录,可稽是该上诉人等以危害民国为目的加入组织而宣传与三民主义不相容之主义已极明确。原审依危害民国紧急治罪法第六条、第十条,刑法第九条、第四十二条,"宣判者把嗓门又提高了一个八度,已近极度刺耳的噪音念道,"处蒋莪伽、季春道各有期徒刑六年……"

宣判完毕,艾青他们对所述罪行和判决坚决不服,但法庭不容他们申辩即宣布退庭。

押回第二看守所,艾青和春地美术研究所的战友们便开始了反对判决的斗争,弄得看守所没有办法。

过了几天,来了个官模样的人,对艾青他们说:"你们这样不服管教,严重闹事是不行的,当局已决定,驳回你们的上诉,对你们提前执行判决。"

很快,艾青、力扬等人便被转押至法租界第二看守所对面的上海第二特区法院看守所的监狱中。

艾青在上海被捕后,消息很快传到了畈田蒋村。父亲蒋忠樽先是呆呆地发愣,继而是借酒号啕大哭了一通。他怎么也没有想到,盼望着传家接业的大儿子会成为政府的阶下囚。他大骂儿子不孝不忠，辱没了蒋家门风，放言再也不认这个逆子，并发誓与其断绝父子关系。

母亲知道父亲说的是气话，已经到了这种地步，说什么也没有用处，唯一能做的就是多带些钱，去上海疏通关节以解救儿子出狱。

起初，蒋忠樽说什么也不干，说再也不为这个不争气的儿子耗费家中的钱财，但耐不住妻子的三劝两说，终于决定火速赶到上海去救儿子。

为了保险起见还带上两千块大洋，并让艾青的妹妹到义乌找熟人帮忙。

到了上海，蒋忠樽花钱托人找了个叫陈仲达的律师，希望靠他的辩护，替儿子减免罪行。

谁知待到开庭之时，律师的辩护竟没有起到丝毫作用，儿子照样被判了六年有期徒刑。

六年啊！蒋忠樽听罢宣判几乎当庭昏倒。他生气儿子竟还敢当庭顶撞法官，都什么地步了，真是活该倒霉，罪有应得！他心里一边狠狠地骂着儿子，一边默默地流泪，他不就是画了那么几张画吗？难道这也够得上判六年的苦刑？

事已如此，他不得不承认这个现实。

两千块大洋花得精光，官司依旧。蒋忠樽心灰意冷地离开上海返回畈田蒋村。

临走前，他想去狱中看看这个不肖之子，却在监狱门外吃了闭门羹,新入狱的犯人,尤其是"政治犯",狱方拒绝探视。

望着眼前冰冷的铁门和狱警,蒋忠樽洒泪无声……

第六章

狱中岁月

31. 一封求援信

第二特区法院看守所监狱是法国人开的,管理则是国民党政府的人。

进来的第一天,他们便被告知规定:"政治犯"在此服刑,只准读《圣经》、学习外语,其他文艺书籍则必须经过狱方严格审查才让看。另外,绝不允许犯人之间进行任何形式的串联活动,至于闹事滋事后果严重的,会严加惩处……

听完一大通训导,他们才被带入监房。6个人一间,11个人分到两间,其中5个人的一间还安排了一个刑事犯,是个大烟鬼。

这里的牢房虽然关的人比巡捕房的少,但却没有床,大家都睡在地板上,条件一点不比那边好。

监狱中的饭极差,不但分量少,而且经常变味。

由于同室中关了一个刑事犯,大家商量斗争策略就不方便。

送饭的是一个被判重刑的犯人，戴着一副沉重的脚镣，走起路来哗啦哗啦地响。每次送饭他都拖着个沉重的大槽子，沿着一溜牢房走过，走一路分一路。

为了抗议提前服刑和生活太差，艾青和大家商量采取绝食的方式来斗争。重刑犯再送饭来时，大家谁也不去打饭，任看守叫破了嗓子也没人动。有两次大烟鬼耐不住了，想去打饭，同牢的几个人硬是把他按住了。事后，又对他说："你要敢破坏绝食斗争，就叫你不明不白死在这里。"

绝食进行三天了，狱方送来的伙食也越来越好。送饭的重刑犯没说什么，只是看着这帮勇敢的年轻人摇摇头，在他认为这种方式是不会有什么用处的。

每到开饭，看守就在门外喊："你们这些人太傻了，为什么不吃饭？"

"我们要和'政治犯'关在一起，不和刑事犯混住！"

前一天，送饭的重刑犯曾从那边"政治犯"的牢房传过来一张纸条，上面写着："坚持斗争，要求同'政治犯'关在一起！"于是绝食斗争就从单纯要求改善生活变为政治权利斗争。

"你们再不吃饭，饿出毛病来后果自负！"监狱的典狱长也有些坐不住了，他亲自出马来做大家的说服工作。

"不答应条件，就是饿死也别想让我们屈服！"艾青说。

"对！我们绝不屈服！绝不屈服！"

听着众人震耳的呼声，典狱长一边说着："好、好啊！你们等着瞧吧，会有你们好看的！"一边转身仓皇遁去。

由于这是法国人办的监狱，国民党当局也担心真的闹出大乱子，饿死个把犯人，洋人追究下来不好交代，只好答应了犯人们的要求，不但改善了伙食，而且给大烟鬼调换了牢房。

取得了斗争的胜利，大家也经受住了考验，心里别提有多高兴了。艾青想："原来在监狱中也能学到许多东西。"

父亲蒋忠樽没能见到儿子，心里总有些放心不下。回乡几天便迫不及待地给狱中的儿子写了封长信。儿子坐牢木已成舟，唯一的办法就是在信中多多开导教训他，使他能够幡然改悔，重新做人。或许是吸取了许多年对待儿子的教训，虽然是父教子，但信中的语气却温和真切了许多。这封信艾青收到后也感到颇为意外，从来都是严厉有余的父亲竟也说得语重心长、苦口婆心。

当然，父亲是无法理解儿子的心的，就是他说得再多再长再恳求，艾青也不会放弃自己的理想，回去走他指的那条守家继业的道路。

之后，艾青不断地收到父亲的信，他除了要东西时给家里去封短信，对父亲的教导总是保持沉默。

在狱中，狱方对犯人的管束是严格的。对于艾青和一同进来的年轻人来说,精神上的枷锁比肉体上的缚捆要痛苦一万倍。

狱中允许犯人给家人和亲友去信,当然信必须经过检查。有时候,亲友来探监,他们也偷偷地塞上一封密信,让来人趁看守不注意时带出去。

艾青给家里写信,希望家里寄些书来。

很快,他便收到了妹夫张祖良寄来的《兰波诗选》,这是本巴黎水晶书店出版的诗集。

狱方看是本外国诗集,又是法国的,便没找什么麻烦。

兰波是艾青很尊敬喜欢的法国诗人,当年在法国留学时,兰波那些动人的诗句曾陪伴艾青度过了不少夜晚。

他捧着诗集左看右看,拿起笔想了片刻,在扉页上写道:"……伽在狱中,良寄兰波的诗,聊以使黑暗之日付诸忘怀意也。"

兰波的诗给了艾青一些精神上的慰藉,但毕竟太少了,何况还有那么多同牢的朋友也没有书读啊。

"海澄,咱们能不能再想想其他办法弄点书来读?"有一天同牢房的江丰悄悄对他说。

是啊,这么多年了,难得有这么清闲的时候,在外边为生活和事业奔忙的日子是有书没工夫读,如今,在这个铁框般的斗室里不必为生活和事业奔波了,时间过剩了,却又没有书可读。要能通过什么渠道得到些好书该多好啊!

艾青透过牢窗,看到一只雀儿一抖翅膀飞过,忽然灵机一动:"江丰兄,咱们是不是可以给先生写封信,求得他的捐助呢?"

"先生?"

"对,鲁迅先生啊!"艾青说话的声音虽然不高,但很兴奋。

"对,就给鲁迅先生写封信!"江丰双掌一拍也兴奋起来。

同牢的人听说要给鲁迅写信,都围了过来,你一言我一语地低声提出写信的内容。

大家都觉得,鲁迅先生最关心爱护支持青年人,他肯定会想办法帮助咱们的。

"海澄兄,大家说了这么多,总得有一个人来集中意见,表达心愿呀!"江丰用手捅捅艾青说,"我看这封信就由你来执笔吧!"

"对,就让海澄兄来写。"

"他和江丰兄本来就是倡议者嘛!"

众望所归,艾青没有推辞,他找了张纸,拿起笔就写了起来。

在信中,艾青告诉鲁迅先生他们的近况,虽然在坐牢,但难友们的精神状态是饱满的,意志是坚定的,集体是团结的,大家决心把监狱当作一个大学校,学习知识,锻炼意志，保存实力，准备日后迎接更大更艰巨的斗争……

信写罢，艾青轻声给大家念了一遍，然后在信尾属上笔名"伽"，江丰想了想也拿起笔写上"介福"二字。

不久，这封信便通过探视人的手传递到鲁迅先生手里。

1932年最后一天，鲁迅先生在日记中记下了这样的文字："下午得介福、伽等信。"

这些热血青年在狱中的表现使鲁迅很感动，他托人给他们带了些画册进来。

32. 诗神叩门了

艾青从来没有像现在这样这么想拿起画笔作画了。

从小到大，他究竟画了多少画，已经记不清了，反正想画的时候，他就会画。他想他也许天生与画画有缘，只要拿起画笔，不管有多少烦恼郁闷，哪怕是天大的不快，也会在线条和色块中化解。他曾经这样认为：今生今世如果离开了纸笔和颜色，我将无法生活，失去前行的目标和力量。

可是自从入狱之后，他便再也没有摸过这些东西。不是他不想画，而是离开了大自然的召唤，他便产生不了任何激情，整日面对冰冷的四壁和上着铁栏的狱窗，他觉得自己的美术激情在一点点地褪去，艺术细胞在一点点地变异。有时，看到难友在纸上画几笔的样子，心里也会怦然而动，可拿起笔面对那片纸时，又顿觉灵感全失。

色彩在哪里？形象在哪里？激情在哪里？不是心中没有，而是无法表达，无以为托啊！

有两三个夜晚，他是在极度痛苦中度过的，这种内心的苦痛和积郁是难友们也理解不了的。

他想找一个没有人的地方撕心裂肺地喊上半天，想找几个彪形大汉打上一架，哪怕是自己被打得头破血流也不会手软……

但这里什么都没有，眼前只有铁柜般的牢舍和同呼吸共命运的难友。

夜真的是太漫长了。

躺在地铺上，艾青似乎听得见它缓慢而沉重的步履，铁窗外的夜幕中有寒风的啸声掠过，其中还夹带着远处水电厂震颤的喧嚣，彻夜不停，扰人心绪。

过去听到这些钢铁的鸣响就像听到生活的重唱，看到创造者的身影。现在这些声音冲进耳中心里却是另一番滋味，有一种被揶揄被抛弃的感觉。

"不！我绝不能变成一只陈年的破旧的船，沉溺在这令人窒息的'海角'，我要抗争，我要奋斗，我要寻找一条新的生命之路。"

那个夜晚艾青又失眠了。听着难友们的鼾声,他渐渐进入了一种令人难以置信的状态:

……在一个透明的夜里,一群人笑着叫着从遥远的田堤上走来,沉睡的村庄被吵醒了,满村的狗吠了起来,震落了满天的星星。村子的街上、广场、酒坊、宰牛场都留下了他们放荡的笑声。这原来是一帮酒徒。酒徒们点亮了宰牛场的灯,竟有许多熟悉的面孔,大家在堆满了牛皮、牛肉和散发着牛血气息的屋里喝酒、吃肉,到处是热气腾腾的牛汤、牛骨,以及屠夫沾血的手臂和额头。灯光和喊笑声吸引了更多的人来,醉汉、流浪客、过路的盗贼汇聚而来。"酒、酒、酒,我们要喝酒!"喊声中透出痛苦、愤怒和仇恨……星光发抖了,酒徒们酒足肉饱,又调笑着走出宰牛场、街巷、村口,渐渐远去,消失在天边的田堤上,村庄和原野又重归寂静,夜在沉睡,一切仿佛都未曾发生过,夜,透明如水洗一般……

艾青仿佛是做了一个长梦,他坐起来看看周围,小小的监房里一切如旧,窗外天空中一颗星星眨着眼,他觉得应该把刚才经历的一切记录下来,于是便摸出一张纸和一支笔来。监房漆黑,不能点灯,他就摸黑往纸上写,一会儿工夫便写完了。

放下纸笔,重新躺下,艾青心里有种说不出的畅快,这一夜竟睡得很安稳。

第二天清早,艾青把夜里写的东西拿出来,发觉许多

地方字压字行叠行,于是又另找出纸张工工整整抄录一遍,读了一下,竟是一首不错的诗。

艾青真高兴,他觉得在绘画之外,又找到了一种表达内心世界和喜怒哀乐的形式,或许这种形式比画画还好?!他这样想。

虽然是这么想,艾青还是觉得有些没把握,他又把这首诗给同牢的几个难友看,一个难友看罢,眼睛睁得大大的,说:"海澄兄,真没想到你还有这两下子,诗神已在叩你的门了。"

艾青不好意思地笑笑。其实他在巴黎写的那首《会合》,在他刚刚被捕没几天,就在《北斗》杂志上发表了,只是当时他并没有刻意去写诗的想法而已。

"那依你看,我的诗写得好些呢?还是我的画画得好些?"艾青追问道。

"这个——"难友看看手中的诗稿,又挠挠头,思索片刻,肯定地说:"诗好些!"

"何以见得?"

"你看,你的诗中有深刻的思想而又不说教,有形象的比喻而又生动,还有色彩、想象、语言……都在你的绘画之上!"

"真的?!"艾青的眼睛也瞪大了。写诗,他只是初试牛刀,没想到会得到难友这番评价,而画画?他有点不敢往下想了。对于画画,他付出了多少辛劳和汗水,倾注了多少心血和梦想，他曾经坚定地认为画笔、画布将是他终生相伴的影子，而绝没有想过其他任何一种形式和东西能够替代它、超过它，成为他生活和生命的主导。眼下，在狱中没有办法作画，但他相信，一旦等到出狱那天，他必定会重拿画笔的。

33. 黄土下紫色的灵魂

时间的脚步跨进了1933年的门槛，像是忽然放慢了节奏。

这几天上海的天气特别冷，牢房里白天都像个冰窖，夜晚就更难熬了。

同牢的难友们白天都增加了活动，以使身体多产生些热量。

艾青入狱后身体越来越糟，最近咳嗽也厉害起来。他尽管也站起来活动，可又有些体力不支。

这些天，艾青晚上又开始失眠，满脑子都是过去的人和事。天冷不能入睡，他就蜷缩在薄被中一幕幕地回忆往事。说也奇怪，那些许多年来似乎已淡忘了的人和场景，又一个一个重新来到他的脑际，鲜明得仿佛就发生在昨天。

在这些繁杂的往事和旧人中，出现最多时间最长的，是他的奶娘大叶荷。令他不解的是再冷再冻的时候，只要想到奶娘大叶荷，顿时心中便会升腾出一丝暖意。奶娘早已离开这个世界，不在他的身边了，但是奶娘又无时无刻不在暗中保护着他、温暖着他。

又是一个北风呼啸的夜降临了，屋外还下起了南方少见的大雪，纷纷扬扬的大雪。

艾青又在翻来覆去地忍受着失眠的折磨。

实在是没有睡意，他轻手轻脚地爬起来，迈过难友们的身体，来到囚窗边。

一阵湿冷的空气袭来，他打了个寒战，继而咳嗽起来。

艾青赶紧用手捂住嘴，怕咳嗽声吵醒了别人。咳嗽总算过去了，他把嘴对着窗口，深深地吸了一口外面的空气，心里平舒了许多。

"下雪啦，好大的雪呀！"

借着隐约的天光，他发现外面的世界一片洁白，不由得又想起了奶娘。奶娘那有力的臂膀，奶娘那滋养他的双乳，奶娘那温热的亲吻……

如今，奶娘已走了多年了，在这铺天盖地的雪夜里，她那杂草覆盖的坟茔上该也盖着厚厚的雪被吧，还有那村子北头已关闭无人的旧家檐头瓦楞上、一丈见方的小院子和门前长着青苔的石椅上也都积下了厚厚的白雪吧。

窗外的雪仍在慢慢地落，艾青对奶娘的怀念也在升腾。

"奶娘,你一定知道一口口吃着你奶水长大的乳儿在这遥远的地方如此强烈地思念着你。"

走过四十多年饱受苦难和凌侮的人生路,奶娘是含着泪水离去的,离开这个世界时,属于她的只有四块钱的棺材、几束稻草、一方坟茔和一把纸钱的灰。

奶娘再也不知道身后的事了,永远也不会知道,她那成日醉酒的丈夫也已撒手西去,她的大儿子当了土匪,二儿子死在了炮火的硝烟里,而老三、老四、老五则在地主和师傅的叱骂、压榨下过着艰难的日子……

艾青想不下去了,此刻心中像有一团火在燃烧,一股热流涌遍全身,激发着他的灵感。

"我为什么不能用我的诗和笔来记下我心中的思念呢!"想到这里,艾青拿起笔和纸,内心的泉流不断地淌了出来:

> 大堰河,是我的保姆。
> 她的名字就是生她的村庄的名字,
> 她是童养媳,
> 大堰河,是我的保姆。
>
> 我是地主的儿子;
> 也是吃了大堰河的奶而长大了的大堰河的儿子。

大堰河以养育我而养育她的家,
而我,是吃了你的奶而被养育了的,
大堰河啊,我的保姆。

艾青仿佛又回到了童年的岁月,五岁前的他像一个小小的尾巴,紧紧跟在奶娘的后面,奶娘去东他去东,奶娘往西他也往西……

你用你厚大的手掌把我抱在怀里,抚摸我;
在你搭好了灶火之后,
在你拍去了围裙上的炭灰之后,
在你尝到饭已煮熟了之后,
在你把乌黑的酱碗放到乌黑的桌子上之后,
在你补好了儿子们的为山腰的荆棘扯破的衣服之后,
在你把小儿被柴刀砍伤了的手包好之后,
在你把夫儿们的衬衣上的虱子一颗颗的掐死之后,
在你拿起了今天的第一颗鸡蛋之后,
你用你厚大的手掌把我抱在怀里,抚摸我。

这种幼童时期刻骨铭心的印象,一幕一幕地复现,每一幕都是那么亲切,艾青觉得自己不是在用笔写,而是在用心倾诉,用奶娘的乳汁滋养抚育的那颗搏动的年轻的心倾诉。

他又想到了五岁时回自己家时的情景,被吸光了乳汁的奶娘,两眼泪汪汪地看着他在男佣的牵领下踉踉跄跄地远去。

艾青又一口气写下了回父母家做生客的感觉,接着回忆之舟再次划向奶娘的"港湾":

> 大堰河,为了生活,
> 在她流尽了她的乳液之后,
> 她就开始用抱过我的两臂劳动了,
> 她含着笑,洗着我们的衣服,
> 她含着笑,提着菜篮到村边的结冰的池塘去,
> 她含着笑,切着冰屑悉索的萝卜,
> 她含着笑,用手掏着猪吃的麦糟,
> 她含着笑,扇着炖肉的炉子的火,
> 她含着笑,背了团箕到广场上去晒好那些大豆和小麦,
> 大堰河,为了生活,
> 在她流尽了她的乳液之后,
> 她就用抱过我的双臂,劳动了。

生活中的奶娘并不漂亮,但在艾青的心中和眼里,没

有一个人能比她更美。幼年的艾青最喜欢看到的，就是奶娘忙碌的身影了，无论是多么苦多么累的事，奶娘做来都是那么从容自若，他是那么爱着奶娘，因为她是天底下最最好的人，也是最最能干的人，最最喜欢他的人……

最最好的人是应该长生不老的，而奶娘这个最最好的人却偏偏匆匆地走了，她是唤着乳儿的名字走的，乳儿却无缘见到她最后一面，奶娘那个当"婆婆"的梦也永远不会做醒了。

想到奶娘身后的一切，艾青的心像被刀子割了一样，他又想到畈田蒋村北几里外那片稻田边没有墓碑和标记的黄土堆，也许有一天，他重新回到自由的天地中，他会用自己的双手亲自为奶娘建立一块墓碑，而现在，在这阴冷黑暗的囚牢中，他只能在自己的心中为奶娘浇铸一块"心碑"，而碑上的铭文便是这淌到纸上的诗句。

艾青哈了哈已冻得有些僵硬的手，为奶娘编织着最后的花环：

> 大堰河，今天，你的乳儿是在狱里，
> 写着一首呈给你的赞美诗，
> 呈给你黄土下紫色的灵魂，
> 呈给你拥抱过我的直伸着的手，
> 呈给你吻过我的唇，
> 呈给你泥黑的温柔的脸颜，

呈给你养育了我的乳房,

呈给你的儿子们,我的兄弟们,

呈给大地上一切的,

我的大堰河般的保姆和她们的儿子,

呈给爱我如爱她自己的儿子般的大堰河。

艾青一口气唱出了对乳母深似海洋般的赞美感激之情,他已实在找不出什么词句可以表达此时此刻的情感,于是挥笔写道:

大堰河,

我是吃了你的奶而长大了的

你的儿子,

我敬你

爱你!

"爱你"两个字艾青哪里是用笔在写,简直就是用全部身心在铭刻。

他抛下笔的那一刻想哭,想痛痛快快地哭一场。但这哭声只能在心中号啕,脸颊上滚落的是灼热的泪。

夜色悄悄遁去,窗外的雪仍在下,囚牢中已可辨明难友们未醒的面容。看着手中沉甸甸的诗稿,他有点不相信了,这长长的诗难道是自己一夜之间完成的?这不是在做梦?

趁着黎明的寂静,艾青又把诗稿细细读了一遍,然后用笔在诗尾落上"一九三三年一月十四日 雪朝"。

白天,艾青又把诗稿摊开整理抄录,他一边抄一边轻声念着。同室的一位被判了死刑的"政治犯"走过来站在他身后倾听,听了一会儿小声对他说:"海澄兄弟,这是谁写的诗?"

"是我写的!"

"你写的?"

艾青点点头。

"叫什么名字?"

"大堰河——我的保姆!"

"能让我看看吗?"他用手指着心口,恳切地说。

"行!"艾青把诗稿递过去。

被判死刑的狱友接过诗稿,先是默默地看了起来,继而不知不觉地读出声来,后来竟感动得垂泪而诵。

囚牢中的其他难友都放下了手中的事慢慢地围拢过来。大家都被诗中的真情深深地打动了。

诗念完了。牢房中一下子变得寂静无声,被判死刑的狱友双手颤抖着把诗稿递还艾青,嘴里说了两声:"谢谢,谢谢你的诗!"然后转过身去头抵着墙呜呜地大哭起来。

许多人都触景生情掉下了泪。

34. 病监·遗嘱

艾青明显地感到自己的身体越来越差。

刚入狱那会儿，他只是有些咳嗽，原以为是着凉感冒，凭着年轻抗抗就能过去。可谁知日复一日，咳嗽没有好，又开始觉得浑身乏力，下午出现了发低烧，夜间出现盗汗现象。加之狱中伙食太差，一天难见阳光，只一个月人已经显得虚弱不堪而且消瘦得厉害，站起来就打晃，走几步就气喘。

但就是这样病病歪歪的，他一上法庭，俨然还是一副硬汉的样子。那次开庭受审，艾青是被人搀扶着出庭的，当时江丰的母亲也去旁听了审判，她后来对别人说到艾青时充满了钦佩之情："那个有病的青年硬极了！"

进到第二特区法院看守所的监狱后，同牢的难友们知道艾青有病都尽量关心他、照顾他，无奈同为囚徒，心有余而力不足，只能眼睁睁地瞅着他的病一步步加重。

在当时的医疗水平下，别说是在狱中，就是在自由自在的天地里，肺结核病也是令人畏惧的致命杀手。

写完《大堰河——我的保姆》后不久，艾青就从普通牢房被转到了隔离的病监。

他已经开始咳血痰了。狱医也是一位留法回来的中年人,很同情艾青,对他说:"你的病很厉害,要有好药才能有效地治疗,咱们这里没有,你可否托家人和外面的朋友想想办法?"

李又然是1932年秋天回到国内的。

回来后,他立刻给好友艾青写了封信,但信去以后左等右等不见回信。一晃几个月过去了,他有些生气,因为如果是别人给他写信,他必定每信必复,而且不管多忙也如此。他想也许艾青没有收到他的信?也许好友回信寄错了地址?

李又然又给艾青写了封信,不久,艾青回信了,他兴奋地打开信,第一句话却写着"我在坐监狱"。

李又然摇摇头,以为好友准是被父母缠住,待在家里出不来,往下看信才知道艾青在蹲国民党的监狱。他不相信这是真的,可看到信封上的发信地址和信纸右下角盖着的蓝色的"检阅"图章,才确信这是真事,不是玩笑。

想到好友正在监狱中受难,想到自己对他的误解,李又然心里很不是滋味,恨自己消息怎么这么不灵通。

艾青在来信中还托李又然帮忙办一件事,就是代他给波兰女教师回一封信,李又然的法文好。李又然照办了,信中还把艾青被捕入狱的事告诉了她。信寄出后,李又然又按照艾青来信的地址找到监狱,迫不及待地想见到艾青。但大铁门紧闭,门岗蛮横地轰他走开。李又然心急火燎几乎控制不住自己,他想狠狠地把门岗打一顿,然后被抓进去和好友艾青关在一起。李又然最终没有这样做,因为即使真的这样去蛮干,也无助于解救朋友。

离开监狱门前时,一位好心人告诉他,不是狱方不让看犯人,只因今天不是探监的日子。

回到家,李又然给艾青写了一封长长的信,足足有13页。

病监的生活是寂寞而凄凉的。

艾青搬过来那天,一个病死的犯人刚刚被抬了出去。

这里,会不会就是自己最后的归宿?看着这墓穴一般的囚室,艾青想。

对于自己的病况,他很清楚,只是他不甘心就这样屈服,就这样走完自己还没有充分展开的人生之路和生命画卷。他还没有尽情地享受过阳光、土地、成功、爱情和一切一切世界上美好的东西。

他想念家里的兄弟姊妹,想念李又然等众多的朋友,想念那位远在异国的金发碧眼的波兰姑娘,想念那些给过他生活勇气和指导的老师同学,也有点想念曾经给过他许多痛苦的父亲母亲……

给李又然去的信已发走数日,不知他能否收到?他内心里真希望李又然能来,哪怕是见上一面无言以对,他也会觉得满足、感到安慰。

躺在病榻上的人或许是欲望最少的人了,除了渴望获得生命的恩赐外,其他一切都无所苛求。想想:没有了生命,其他一切又有什么意义。

寂寥的病监带给艾青的不只是痛苦,他静静地躺着,诗神的足迹在他虚弱的肢体和血脉里游走,留下一支哀婉美丽的歌:

> 我肺结核的暖花房呀。
>
> 绷纱布为芙蓉花。
> 而蕴有醉人的气息;
> 死神震翼的逡巡着你,
> 蜜蜂般嗡嗡的是牧姆的弥撒。
>
> 清晨的露珠,
> 遂充做亡人额上的圣水。
>
> 铁栅为乔木的林子般丛簇,
> 铁栅是我们和人世的界线。
> 人将说:"我们都是拥抱着我们的痛苦的基督。"
> 我们伸着两片红唇,
> 吮吻我们心中流出的脓血。
>
> 脸上浮起 Pompei 的云彩了;
> 于是牧姆把寒热表,

插进了我的火山口。

黑猫无声地溜过时,
人们忙于收殓死者的卧榻了。

我肺结核的暖花房呀;
那里在150°的温度上,
从紫丁香般的肺叶,
我吐出了艳凄的红花。

"艳凄的红花"正开得旺盛,艾青的生命正在花期中销蚀。Pompei(庞贝)这座意大利的城市,终于被爆发的火山灰所埋葬。艾青认为自己也将被"火山灰"所掩埋。

他甚至开始在想自己的"遗嘱"了。

他记得有这样的一句话:"一粒麦子落在地里不死,仍旧是一粒;若是死了,就结出许多籽粒来。"

"要救人的如今却不能救自己了。"

"要救人的如今却不能救自己了。"

……

在四十度的高烧中,艾青的脑子中回旋着这样的诗句。

有一天,艾青收到了李又然的信,这是封盼望已久的信呀！掂着它，沉甸甸的。

长长的13页，艾青是一口气看完的，天底下没有什么友情比患难之交更重了。李又然在信中诚心地说："海澄兄，不知监狱有没有这样的制度：我进去，把你放出来！"

艾青的眼睛湿润了，他捧着信不忍放下，生命中仿佛注入了新的活力。

"又然兄，你不必进来，因为我要活着出去，一定会活着出去的。"

终于到了探监的日子，李又然见到艾青就落泪了。

"海澄兄，你怎么会成这样，这样啊！"

艾青拍着他的手背费力地笑笑："我这不是很好吗？还活着，而且见到了你。"

"快躺下，不要坐起来。"李又然轻轻地把艾青放倒，拉拉薄被角，坐到了床边上。

艾青简单地讲述了自己入狱的经过和目前的病情，话不多还是气喘吁吁地出了一头的汗。

李又然替艾青擦去额头上的汗，也谈了一些外边的事情，忽然想起了什么，说："她来信了，很关心你的病，还说，不理解为什么在中国，画几幅画也会蹲监狱？"

"谢谢你！"艾青感激地看着朋友。

李又然发现艾青病榻上的诗稿，就拿起来看。那首《病监》让他心酸难过："海澄兄，我一定要帮你治好病，绝不会让火山吞没你这座'城市'。"

"但愿如此吧!"

"你要有信心,在法国,那么艰难困苦咱们都挺过来了,这次咱们也能战胜它!"

探监之后,李又然立即为艾青四处筹款买药,然后一次一次往监狱送。艾青后来回忆说:"李又然常给我送'洛地浓盖',打这种药很有效……"

每次探监,李又然还尽可能地带些滋补品,并不断地鼓励安慰艾青。

艾青发现,李又然来的时候一次比一次消瘦,他很过意不去,劝他:"李兄,你不必太为我了,也要爱惜些自己的身体。"

听到这些,李又然只是笑着拍拍胸脯:"你放心,我是钢筋铁骨,垮不了的。"

艾青的病情、身体好一点,他们就谈诗、谈画、谈今后的打算。

"海澄兄,你写吧,你有画家的眼力、哲人的智慧和诗人的气质,我喜欢你的诗。"

"是吗?"艾青注视着朋友,他相信李又然的感觉,也相信自己的感觉。

或许是好药的神力和好心狱医的医术?

或许是李又然和朋友们的友情之火熔铸?

或许是诗神给了艾青再生的生命源泉?

或许是艾青自己顽强的意志感动了上苍？

或许是命运之舟本来就不该在此搁浅？

经过一段时间的治疗，艾青的病情有了根本性的好转，一个濒临死亡的人又奇迹般地恢复了生命的活力。

对于艾青的恢复，李又然打心眼里高兴。他为能替朋友做点力所能及的事自豪，而艾青对李又然所做的一切始终不忘："多亏他相助，才救活了我。"

35."ORANGE——是我心的比喻"

艾青发觉，近来自己对诗的感情越来越深。每天在监房不管做什么，老有一种看不见摸不着却感觉得到的"精灵"在胸中撞击。他不清楚这"精灵"是否就是人家说的灵感。

想起诗人阿波里内尔，他那"当年我有一支芦笛，拿法国大元帅的节杖我也不换"的诗句就蹦出脑际。他翻弄着诗人的诗集《Alcool（酒）》，顺手便记下了心里流出的诗句：

　　我从你彩色的欧罗巴

　　带回了一支芦笛……

从欧罗巴,他又想到巴黎,那个生活求学之年的巴黎,像一个淫荡的妖艳的姑娘向他走来,还有马赛,他曾被无定的行旅抛到陌生的海角沙滩上,闭上眼睛,他就可以清晰地看到马赛那双"罪恶和秘密的眼",不由得唱出:"马赛啊,你这盗匪的故乡,可怕的城市!"

当然留法三年还是有很多东西是值得回味留恋的。作为一个画者,他那时简直就像一个波希米亚的流浪汉,沿着塞纳河,漫无目的地行走,寻找着色彩和形象的坐标和模特。

他还记得法国画家乌特斯克的那幅油画:"那病于爱情的母牛,在天际,无力地睁着怀念的双眼,露西亚田野上的新妇,坐在它的肚下,挤着香洌的牛乳……"

这幅画使他联想到奶娘大叶荷的双乳。

在法国巴黎,还有那座位于城边的古老宅子,他的造访使他的面前展开了一个充满幻想的波涛的海,那沉浸在淡紫色宇宙中的感情,又多像画家拉菲尔"充满妩媚的日子……"。

温软的呼吸、水波般的蓝眸、金色瀑布般的长卷发和丰满圆润的胸脯,艾青多想再去做一次当年那种"圣洁的爱的悠长的漫游"啊!

有时想到的还有褴褛衣衫的法国老人,有着潮湿石子路和街屋小咖啡店的雨街……

巴黎,法国就这样刀刻般地留在他的脑中和诗行里。

那天,他得到了一个来自外面世界的橙子,舍不得吃,就摆在了囚室中,他注视着橙子,想到了它的法文Orange,突然又勾起了一段往事,圆圆的橙子变成了一个燃烧的太阳:

闪过的公共汽车,广场上的纪念碑,公园边林荫路上捧着白铃兰花的少女,以及喷着爱情水花的喷水池,大麦酒雪白的泡沫,红色篷帐的欢喜……

橙子般的地球那一边,橙子般快乐的姑娘,在靠近离别的日子里他和她共同分吃那个圆圆的太阳般火热的橙子。

"Orange——是我心的比喻"。

艾青的心留在了诗里。

有一次,李又然来探监,走后艾青心绪难平,提笔写下了一首《ADIEU(再见)》,送给要远行的李又然。

就是在什么都没有的情况下,面对小小的铁窗,艾青也能生出无限的遐想。在驰骋无际的思绪前,没有任何东西可以遮挡,从这唯一的小铁窗望出去,他:

看见熔铁般红热的奔流着的朝霞;

看见潮退后星散在平沙上的贝壳般的云朵;

看见如浓墨倾泻在素绢上的阴霾;

看见如披挂在贵妇人裸体上的绯色薄纱的霓彩;

看见去拜访我的故乡的南流的云;

看见拥上火的太阳的东海的云；

看见法兰西绘画里的塞纳河上的晴空；

看见微风款步过海面时掀起鱼鳞样银浪般的天；

看见狂热的夏的天，抑郁的春的天，飘逸而又凄凉的秋的天；

……

艾青从铁窗中得到遐想，同样通过铁窗表达千般的怀念：

> 对于海洋的怀念，
> 当碧空虚阔地展开的时候；
> 对于马雅可夫斯基的诗的太阳的怀念，
> 当炎阳投射在赤色的围墙上；
> 对于千万的伸着古铜般巨臂的新世界创造者的怀念，
> 当汽笛的声音悠长而豪阔地横过；
> 对于秋的绯红的森林与萧萧芦洲的怀念，
> 在秋风里；
> 对于家乡的满山火焰般杜鹃花的怀念，
> 在传来的卖花声里；
> 对于坐着白漆艇荡过烟水淼茫的湖的怀念，
> 当天空扬过一片云的白帆；

> 对于都市的汹嚣的夜的街道的怀念，
> 当墙外喧响过车声与人语；
> 对于被夕阳烫熨着的大地的怀念；
> 对于雪的怀念，
> 五月的秋的海的怀念；
> 对于一切在我的记忆里留过烙印的东西，
> 都怀念着……

那怀念像一只张开翅膀的鸽子，飞遍了艾青记忆的每一个角落；像一只漂泊的小船，游走过艾青情感的每一片海洋。世界的广阔，生活的激越，使他举起了幻想的眼波，敞开胸扉迎接一切新的希冀：

> 在黄昏里希冀皓月与繁星，
> 在深夜希冀着黎明，
> 在炎夏希冀凉秋，
> 在严冬又希冀新春，
> ……

无数的希冀在小小的铁窗中产生，艾青感到了自己和世界的存在，也不断地生出生命的力量。在这些充满了画面、怀念和希冀的黎明和黄昏里，艾青跨过了时间的茫茫大海。

在狱中，艾青不断有新诗问世。

他已经决心，用诗这把利剑来开辟日后前进路上的荆棘。诗，既然能够使自己从病魔和悲哀中挣脱出来，重擂战鼓，也同样能唤醒和鼓舞更多的人去面对生活，面对社会。

艾青把抄好的诗让前来探监的朋友、亲人或律师带出去，并希望朋友们找地方帮他发表。以前他用"莪伽"的名字写诗，怕万一狱方检查带来麻烦，就打算想个笔名。他把蒋海澄的蒋字打一个叉，结果出现了一个"艾"字，又觉得"澄"有"清"之意，于是又想出了"青"，"艾青"两字好念好写，也就成了他的新笔名。

《大堰河——我的保姆》一诗是通过一位律师之手转到李又然那里的。李又然郑重地把它寄给了《现代》杂志，以为他们很快会刊登，谁知却被压了下来，他去信催问，编辑总以"待编"答之。时间一个月一个月过去，李又然觉得很对不起朋友，就把诗稿索要了回来。

艾青在监狱关押了两年后，要转解到苏州反省院去了。

临走前，他把两年来在狱中写的诗整理了一下，竟也有二十多首了。这些诗作虽然还未被社会承认，但都是自己心血的结晶，每一首每一句，都记载着他生命的足迹和思维的轨迹。他希望这些文字能保存下去，交给谁来替他收藏呢？艾青马上想到了李又然。只有他才是自己这些

"孩子"最可靠的归宿。

于是,艾青托前来探监的人把这些诗稿带了出去,转交给了李又然。

36. 自由真好,生活真好

《大堰河——我的保姆》终于正式发表了。这仍要归功于李又然的不懈努力。

李又然与《春光》杂志的庄启东、方土人是朋友,一天,两人见到李又然,提起编刊物的事,希望老朋友能帮忙组点稿。李又然说:"我这里有一批诗稿,是一位朋友在狱中作的。"庄、方二人很感兴趣,李又然就拿出来让他们看。两人同时都被《大堰河——我的保姆》感动了,几乎异口同声地提出要这首。

于是,这首长诗便在1934年出版的《春光》杂志第一卷第三期上刊载出来,而且立刻在读者中和文坛上引起了轰动。大家纷纷给《春光》杂志写信赞扬诗作,询问作者,已是文坛名人的茅盾和胡风也相继专门著文给予高度评价。

时间不长,这首诗就传到了日本。

在一次"左联"东京分盟刊物《诗歌》杂志举办的诗歌朗诵会上,一位留学生声情并茂的朗诵让所有在场的人激动，许多人为之流下了热泪。在人们的心中，大堰河已不只是诗人的母亲，而是中国无数苦难母亲的化身。

对于外面的这些事，狱中的艾青知道一些，虽然并不特别详尽，但对他的诗歌创作却产生了强劲的激励。如今，写诗于他，已不是生与死的吟唱和往日的回想，而是注入了对自由、明天和理想的期盼。

艾青是和力扬他们一道转到苏州反省院的。这里关押的全是服刑的"政治犯"，其中有许多共产党员。

反省院名义上是让犯人们进行自我反省，实际上是一所特殊的监狱，当局企图通过反省院，让"政治犯"洗心革面。

在反省院里，艾青最讨厌的事就是每天必须读《三民主义》等规定的书籍。读过之后，还要定时写"反省论文"之类的东西。

艾青想出了个不写"反省论文"的办法，他故意装作看不懂书，当着管教人员把书上的文章念得七零八落。

看着这个斗大的字识不了几篮的"文盲"，管教人员只得摇摇头说："你这个人长得不笨，识字念书却这么笨，算了，以后的论文也不用写了。"

艾青本来就不是个俯首帖耳的"犯人"，在反省院同样也是个叫院方头疼的人。按规定，进反省院的人六个月就可以释放出狱，可艾青却被足足关了十二个月。

自从艾青入狱，父亲和家里人为了他能减刑出狱也绞尽了脑汁。父亲一封一封的信飞到狱中，希望他今后有机会出来，一定要给弟弟妹妹们做个好样子，要依从父母和家庭的愿望，不能再自以为是。有时，父亲的信写得凄婉悲切，用衰老的感慨和缠绵的话语渴求他回心转意。父亲还许愿为他安排好了幸福的家，要什么有什么，再不用去为衣食住行操心劳神……

艾青知道，父亲所写的一切都是想把儿子拉回到他的路上，儿子有点同情父亲，却永远不会去走他安排的那条路。

艾青又在反省院待了一期，1935年10月，反省院终于通知他准备出狱了。

父亲也事先得到了院方的通知，他赶紧寄来了路费。

出狱那天，李又然来苏州接他。

一个头头模样的人把艾青叫进一个房间，板着面孔做最后的训话："蒋海澄，你要感谢政府对你的宽大，但你必须记住：进反省院你是第一次，也是最后一次，下次你如果再犯事，等着你的结果就不是进这里了，到时候，哼……你听清了吗？"

艾青大声回答："听清了！"

其实此刻他的心早已不在这座高墙紧锁的反省院里了，而那个头头的话语早已成了耳旁风。

李又然陪着艾青离开了反省院。

三年零三个月了，艾青像一只久困樊笼的鸟，终于冲了出来。

自由真好,生活真好,没有过牢狱生活的人是永远也不会理解他此时此刻的心情的。

"你打算去哪儿?回家?"李又然问。

"不!我们去上海,然后去杭州。"

艾青和李又然登上了去上海的火车。在上海,他们相会了许多老朋友,也结识了许多新朋友。

不久,两人又一同去了杭州。艾青回杭州艺专看望老师,大家为他能写那么好的诗而高兴,但同时又为他放弃了美术之路而感到遗憾。

艾青转得差不多了才准备回家,留法的朋友雷圭元主动借给他三十元钱,艾青对李又然说:"咱们还像当年一样,二一添作五!"

第七章

步入诗坛

37. 婚姻之事

像一只在外漂泊久了的小船,艾青又回到故乡的"港湾"。

三年狱中生活,家乡的山山水水始终伴随着他,有时候,他会非常想念这方故土上的亲人,恨不得立即插翅飞回来。

现在,他回来了,又见到双尖山,又见到畈田蒋村的石板路和村西不远的大樟树。回来的第一件事,是去看奶娘。

捧着大叶荷坟上的土,轻轻地贴在胸口,一切淡淡的思念都释然了。在奶娘的面前,艾青轻声吟哦着那首诗,儿时的一幕幕又重现眼前……

蒋家的大儿子回来,家里的人高兴,街坊四邻也都过来问候,说些安慰和宽心的话。

对于来者,蒋忠樽都作揖打躬表示感谢,他也从心里希望,儿子吃了这一垫后能死了那颗"折腾"的心,从此安分守己地随他而行。

艾青却偏偏不这么想。他回来后,村里人说什么的都有,甚至还有人说"读书了,读书了,'都输了'"的风凉话,他听到了只当是耳旁风,大风大浪都经过了,还在乎一两句风凉话不成?

艾青想静下心来,一个人想想所走过的路。虽然回到山村,但他是绝不甘心在这里待上一辈子的。

也许该休整一段时间了,这些年在外奔波够累的,回到畈田蒋村,投入大山的怀抱,有种出世的感觉。

艾青的心态比以往平和了许多,蒋忠樽都看在眼里。他私下里对妻子楼仙筹说:"海澄这次恐怕要真的回心转意了,坐了三年牢,磨去了他那些个棱棱角角,这可算是坏事变好事。今后咱这家业也有望传接了!"

"我看还是尽早给他说个媳妇,年轻人有了牵挂,就不会再东想西想了。"楼仙筹说。

"行,我有时间找他谈谈,妥了再择个吉日,早些办了。"

"早办早踏实!"

说干就干,蒋忠樽和楼仙筹便加紧筹备起来。

蒋忠樽曾耳闻儿子这些年在写点东西,而且还在杂志上发表过,但他从没有把这当个事儿。一个青年人,不好好学本事,净弄些个画画耍笔头的玩意儿是不会有什么出息的。可是对于儿子的这些行当,他又没有办法阻止,只好随他去了。没想到那天蒋忠樽昔日老师的一席话,却让他吃惊不浅!

一日,蒋忠樽去镇上有事,在路上碰到了自己过去的老师,多时不见很是亲热,老师也是去镇上赶集,于是便一路同行,一路聊天。

这位老先生是位典型的学究,一脑子之乎者也,一肚子四书五经。聊时风聊做人处世,聊诗词文章,老学究对目前的诗歌现状极为不满,认为那些无章无韵的所谓新诗,简直就是对中国传统诗词的玷污和歪曲。

蒋忠樽毕竟接受过许多新的东西,他虽没有老学究那么偏激固执,但也觉得新诗没有古典格律诗有味、有深度,对老师所言有些同感,自然也就随声附和着。

说到慷慨激昂时,老先生忽然把话头一转说:"景銎(蒋忠樽字景銎),我听说你的儿子写新诗写出名了,是吗?"

"老师,这我还不太清楚,不过他平时总爱写写画画。"

"写写画画本是文人雅事,当是高洁正宗才是正途,千万不可图一时异怪而追慕之啊!"

蒋忠樽赶忙答道:"老师讲得极是,您这一提醒,我回去倒要问问了!"

"孩子的路要大人指引,不可完全放任,在父亲面前,再大的儿子也是儿子啊!"

蒋忠樽点头应着。

晚上回来，蒋忠樽到艾青房中，看到儿子正在看书，是一本诗集，便说起白天路遇老先生之事，他指指儿子手中的诗集说："你真的写这些个玩意儿出了名？"

艾青摇摇头。

"我看学写这些东西没有什么用处，连个平仄和韵脚都没有，怎么能称得上诗。你若真的喜欢，可多读读古诗词，咱们这大国历史文化都是天下无双的。"

艾青想与父亲争辩，话到嘴边又咽了下去，父亲陈旧的观念根深蒂固，并非老先生几句话才形成，何必徒劳去费口舌。

蒋忠樽见儿子并没有分辩，也没有再多说，点到为止也就可以了。接着蒋忠樽又说起婚姻之事，希望儿子尽快与张竹茹完婚，以了却双方老人一桩心事。

听了父亲的话，艾青并不感到吃惊，因为这事早已在他意料之中了。

看到儿子没有反对的意思，蒋忠樽心里舒了口气，他尽量把声音放得很温和地说道："海澄，父母都是为了你好，你相信我们会为你安排好今后的幸福生活的。"

38. 跟着我，你可能会吃苦

艾青和张竹茹的婚礼是在 1935 年的年底举行的，日子是蒋忠樽专门找人择定的黄道吉日。

仿佛是天随人意,操办这天赶上了难得的好天气。一大清早,畈田蒋村和女方的上溪村便热闹起来,张灯结彩披红挂绿,人人的脸上都喜气洋洋。

艾青的心也有点跳,怎么说来这毕竟是人生的一次大事,何况他对张竹茹也有了一些感情。

艾青和张竹茹的婚姻是父母包办的,但这里多少也有些自然的成分。

蒋张两家原本就是亲戚,虽不是太近,但平时两家也有点来往。按照辈分排,艾青和张竹茹还应以表兄妹相称。

要说起来两家结亲也有点缘分所在。

艾青的母亲身体不好,一次去上溪村找一位大夫治病,因为要治一个疗程,来回跑不方便,就住在了张竹茹家中。张竹茹的母亲与楼仙筹很谈得来,治病之余,便与楼仙筹叙家常话旧事,平时还叫两个女儿尽心尽力地服侍楼仙筹。

楼仙筹很是感激,几次当着张竹茹的母亲夸她生养了两个既漂亮又孝顺贤惠的好女儿。

张竹茹的母亲听了自然也记在心里美在脸上。

一天,她对楼仙筹说:"两个女儿大了想给她们找个好婆家,听说你有个大儿子,在外边干事,你看如果不嫌弃的话,能不能在我这两个女儿里挑一个做媳妇?哪一个都行，只要你中意！"

楼仙筹其实心里也有这个想法，在张家住了几天，两个女孩子都给她留下了很好的印象，本来她脑子里也有提这门亲事的想法，如今对方先提出来了，正好合了她的意，于是便对张家说："你快别说什么嫌弃了，我们家海澄若是能找到你家姑娘，也算是他命好，这么好这么漂亮的姑娘，能攀上也该心满意足了。"

"那姐姐你就挑一个吧，挑哪一个我都没意见！"

楼仙筹想了想说："我看竹茹这孩子更合适些，如果你没意见，改天我回去跟当家的说说，他没意见就这么定下了。"

蒋忠樽一听就同意了妻子的意见。他虽然对张竹茹不太了解，但妻子看上的终归是错不了。此时艾青还在监狱中服刑，楼仙筹把艾青的地址写给了张家。蒋忠樽又写信告诉艾青给他找了对象的事，艾青收到信后并未在意。

不久，艾青果然收到了一封字迹陌生却又隽秀的信，从信中的谈吐艾青觉得这是一个可以交往的姑娘，于是就给她回了信。一来二去，不知不觉中两人竟通了好几封信。艾青还在信中给她抄了好几首自己写的诗，有时还会在小纸片上画上一两幅小画寄去。

后来，张竹茹主动到艾青家照顾未来的公公婆婆，蒋家的人都夸她过门后一定是个好媳妇……

艾青和张竹茹的婚事完全是按照乡里的习俗操办的。

艾青虽然不喜欢不习惯这种方式，但身在其中也不得不随它去了。

吹吹打打接花轿，迎新娘，欢欢喜喜拜天地，再加上吃喜酒闹洞房，整整忙碌了一天，直到傍晚上灯了，贺喜捧场的人们才渐渐离去。

洞房花烛夜，艾青第一次这么近地欣赏自己的新婚妻子。他看着面前这位将与他为伴相随的姑娘，心里甜甜的，却也有些不安，他们两人到底互相不是特别了解，竹茹是会做个贤妻良母的，这不必怀疑，可他自己不会厮守家园，且还要去外面的世界奔波，能否对这个小家承担起必须尽到的责任呢？

艾青不敢顺着自己的思路再往下想了……他又把目光和心放到竹茹的身上。灯光下，新娘像一朵美丽的芙蓉花，散发着沁人心脾的青春气息。

如果奶娘要在该多高兴，她当年梦想着的不就是这一天吗？奶娘啊，你的澄儿永远不会让你失望的。艾青想着，走到竹茹身边，轻轻拉起新娘的双手。竹茹的脸上飞起了两片红云，幸福的眸子中闪着光泽。

艾青一板一眼地对妻子说："竹茹，跟着我，你可能会吃苦的，不过，我会尽最大的努力让你幸福。"

"谢谢你！"张竹茹莞尔一笑，"我不怕苦，只要跟你在一起！"

新婚的生活是幸福的，充满了激情和浪漫。不过才过了 1936 年的旧历年，他就在家里待不住了。

旧历年中，蒋家的人都回家来了，艾青的妹夫张祖良在聊天中告诉艾青，他认识常州女子师范学校的校长，那里缺少师资，他可以介绍艾青去常州教书。当然，前提要看艾青自己是否愿意去。

艾青当即表示愿意去，并让妹夫张祖良年后回去立刻办这件事。

张祖良一口答应下来，说这事包在他身上了。

对艾青想出去教书，妻子张竹茹并没有表示不同意，因为她心里知道，想让艾青一辈子待在畈田蒋村是不现实的，男儿志在四方，更何况是艾青。只要他的心里有她，真心实意地待她，他去哪里，她都不会扯他的后腿。

蒋忠樽就不这么想了，原以为娶妻成家后艾青能从此不再胡思乱想，谁知新婚的被窝还没有捂热，儿子就又要飞出去。难道这个家就那么不好？难道他不管下多大气力，想多少办法，就是命中注定笼络不住儿子的心？蒋忠樽不相信，他决意再找儿子谈一次。

对于这次谈话，艾青是有所准备的。他知道父亲为了使他回心转意下了多少工夫，他可没有想到父亲的话题会从一个想不到的地方开始："澄儿，我知道你不愿在家待，老想着出去是想去革命，是蔑视咱们家。可我说中国没有资产阶级，也没有美国式的大企业，更不会有残酷的剥削和榨取存在，你老要去革命、革命，革谁的命啊？"

艾青弄不清父亲从哪里得来这些论调，他想："既然说到这儿了，我就举眼前的例子吧！"

"咱们家有那么多雇工和伙计难道不是剥削吗？"

"当然不是！"蒋忠樽一口否定，"我是靠自己的奋斗和祖宗的保佑创下的家业，今天咱蒋家能过上还算可以的日子，完全是自己吃苦流汗干出来的。这怎么能叫剥削？"

蒋忠樽说得太急咳嗽起来，好一阵才平息过来，又接着说："况且，我对伙计们，从来也没有压迫，要吃有吃，该喝给喝，出力有工钱，就是他们真的要革命，又会把我怎么样？"

蒋忠樽怕艾青不信，把他领到桌案前，搬出一摞厚厚的账簿来："这是咱们家的租谷账，咱们没有多收佃户一粒谷子，不信我这就算给你看。"

蒋忠樽真的拿过算盘一五一十地扒拉起来。看艾青没有再说话，他才放下算盘，合起账簿，然后尽可能地含着微笑，慈和地对艾青说："澄儿，你就听父亲这一次，不出去瞎奔，在家里接我的事，我老了，今后这家里的一切都由你说了算，你也为弟弟妹妹们做个样子，关心一下他们的前途，好吗？"

艾青知道父亲说的是真心话，他是真的一心一意希望儿子能接下这份家产，不过，艾青还是摇了摇头。父亲真的是太不了解自己的儿子了。

看到自己这么苦口婆心，仍然不能说服儿子，蒋忠樽终于被激怒了。他皱着眉头,用牙齿咬着下唇,痛心地拍着桌子叫道:"这不是你的家,是旅店,祖上留下来的遗产在你眼里都不如臭狗屎。你走吧,走得远远的,有本事永远别回来,别回来!"

父亲发了几年来最大的一次火,尽管如此艾青去常州的决心仍然未变。

他在后来写的一首诗中记述了自己当时的心情:

> 为了从废墟中救起自己,
> 为了追求一个至善的理想,
> 我又离开了我的村庄,
> 即使我的脚踵淋着鲜血,
> 我也不会停止前进……

1936年1月下旬,艾青再一次告别了畈田蒋村,告别了双尖山,也告别了给了他那么多酸甜苦辣的父母和家人,去常州追求自己的理想。

39. 常州女师与"狮子头"

古城常州是艾青早已慕名的城市。这里虽然没有杭州的妩媚、上海的繁华,但初识的古朴的身影也别具一格。

在妹夫张祖良的引荐下,艾青进了常州武进县立女子师范学校。在这里,他当了一名国文教师,教初中三年级两个班的国文课。

女师校址在运河的边上,这使学校的环境和气氛更增添了几分色彩。

倒是学校的女校长颇让艾青不以为然,并非艾青轻视女性,而是她的傲气和做派使艾青感到不太舒服。这也难怪,一位三十多岁容貌姣好的女子,身为一校之长,且在社会官场上又有很多关系和后台,自然会盛气凌人一些。

女校长在对艾青表示欢迎的同时,也柔中带刚地提醒他不可背离校规和教学大纲而自行安排课业,不然要自负后果。

至于工资,虽然不多,每月四十五元,但生活还是可以维持的。

妹夫张祖良对艾青说:"怎么样?这个工作你干吗?"

"干,我虽然没有正式当过教员,但我相信我是能够胜任的。"

艾青的确是胜任的。

女师原来有几位教国文的老先生,都是清末秀才出身。他们的作文课充满了八股味道,不但规定了味同嚼蜡的作文题目,文章的字数也限定得死死的,说是五百字,多一个字也不行。弄得这帮女学生们一上老先生的课就唉声叹气无精打采。

来了这个年轻幽默的男教师后，初三两个班的国文课发生了翻天覆地的变化，每次上课都能听到课堂上传出一阵阵银铃般的笑声。往往是下课铃声已响，同学们还在专心致志地聆听老师的讲课。

尽管女校长事先已经给艾青打过"预防针"，但艾青在教学中仍有许多时候跳出课本。他挑选了许多中外名著中的内容传授给同学们，收到了良好的教学效果。同学们发现，自己的思维和理解力好像一日之间产生了飞跃的变化和发展。

除了教文学知识，艾青还在课堂上向同学们传授做人的道理和一些进步的思想。

在作文课上，艾青也打破陈规让同学们充分发挥自己的写作才华。他曾以"我的理想"为题，让同学们写一篇不拘题材的作文，结果使过去许多对作文望而生畏提起就头疼的学生一下子改变了过去的看法，成为作文课上的积极分子。

艾青到校不久，女师的学生们就都知道了这个年轻的男老师是个能写诗会画画的才子。她们都很尊敬崇拜他，还有女学生悄悄把他当成自己心目中的偶像。

艾青虽然具有一颗浪漫的心，但他却从来不喜欢打扮自己，有时甚至有些不修边幅。有些女同学喜欢烫头，把自己打扮得花枝招展。艾青觉得女孩子爱漂亮追求美是本性，但学生时代还是应提倡自然之美、健康之美、内心之美。外表干净朴实自然大方就是最好的美。自己这些观点，他总是利用课堂上所学的内容潜移默化地灌输，从不强令禁止或挖苦。

一天，艾青去理发，路上碰见班上几个女学生刚从理发店出来。看见老师，女孩子们围过来，叽叽喳喳地对他说："先生，你看我们谁的头发烫得最好看？"

艾青左看看右瞧瞧，还故意眯起眼睛，然后诙谐地说："你们烫的头发，我怎么看着像狮子头似的，嗯，多么难看，多难看呀！"边说边摇着头，"可惜那一头自然的美发了。"

女同学们知道老师在开玩笑，也不计较，咯咯地笑着，彩蝶一般地跑了。

艾青也跨进理发店去理发。

理发师认识艾青，知道他是女子师范的国文教师，而且还知道他是个诗人、画家，每次来都对他客气周到，理发、刮脸一条龙服务。艾青头天晚上判作文熬了夜，仰躺着刮脸非常舒服，不知不觉竟睡着了。一觉醒来，坐起照镜子，发现镜子里的自己也成了"狮子头"。

"你你，你怎么把我的头发弄成这个样子了？"艾青急得脸红到脖子根儿。

"我，我看你睡着了，想着让你更精神一些。"理发师没想到艾青会发火，他本是出于好心，看着艾青睡着了，不忍心叫他，又想反正自己也闲着，就为他烫个发，因为他觉着搞艺术的人应是浪漫开放的,谁知好心办了坏事弄巧成拙了,"你消消气,我不收你的钱了。"

"对不起,我不是这个意思!"

艾青也觉得自己刚才过于急躁了,人家到底是好心呀!但这"狮子头"该怎么补救呢?

"你看我是老师,这个样子影响不好,麻烦你能不能再想想办法,把头发弄平?"

理发师为难地笑笑,他还是第一次遇到有人烫了发又要把它弄平呢!怎么弄呢?他挠挠头,端了盆热水,用热毛巾捂、烫,可是费了九牛二虎之力,"狮子头"还是"狮子头"。

艾青看理发师满头大汗,心里有些不忍。头发弄到这个地步,也不能完全怪理发师,自己如果不是刮脸睡着了,无论如何也不会如此啊!

"就这样吧,我也当一回'狮子头'。"艾青幽默又无可奈何地站起身来。

理发师送艾青出门,嘴里一个劲地道着对不起抱歉之类的话。

第二天,艾青一走进课堂,女同学们都尖叫着哄堂大笑起来。没想到一向不修边幅的男教师,如今也烫起了头,许多人鼓起掌来,有几个胆大的女学生大声地说:"先生,你也烫了发了,狮子头一样的真好看!"

听到学生们善意的误解,艾青什么也没有说,只是笑笑，等大家笑够了，看够了，他才清清嗓子说："同学们，现在上课！"

这堂课，全班学生听得格外认真，女孩子们都觉得先生今天的课讲得最精彩。

在女子师范，同学们都非常佩服先生的口才，有时学校开报告会，先生可以不用提纲一口气讲两三个小时，古今中外、广博风趣。看到同学们那一双双求知若渴的眼睛，艾青在讲台上也很振奋，他也是从这个年龄走过来的，他知道在这个充满了理想和幻想的岁数，最需要的是什么。

对于艾青在授课中宣传进步思想，学校颇有微词，许多教师看着他的威信在学生中与日俱增，也不高兴，于是许多谣言也流传起来，说他以前曾因宣传赤色蹲过监狱，说他与女学生跳舞是居心叵测……

有好心的同事和学生把听到的谣言告诉艾青，他听罢笑笑说："人正不怕影斜，脚正不怕鞋歪，不去理它！"

女子师范里还有一个校办刊物，叫《洗心》，是月刊。这也是艾青到学校以后征得校方同意办起来的。艾青亲任主编，还撰写了一篇充满诗意和激情的发刊词，呼吁学生们把这个刊物当成自己的园地，关怀爱护，并献上自己的作品，他在发刊词中写道：

每个同学都有自己的心声，就如同潜流隐藏在地下一样，总有一天要冲出地面滔滔流向大海……

《洗心》一问世，就得到了同学们的欢迎，但校方并不高兴，因为学校的初衷，是希望《洗心》成为传达校方意志和指导学生安分守己、严格遵守校规的宣传阵地。

在女子师范学校，艾青和几位年轻教师的思想和行动影响着同学们，过去死气沉沉的校园，如今充满了生气和欢乐。

艾青把在常州武进女子师范学校的工作和生活情况写信告诉要好的朋友和家里的妻子，大家都鼓励他继续努力实践自己的理想。

40. 多雨的季节

来常州的时间长了，艾青才渐渐体会到这座城市的沉闷寂寥和墨守成规，简直就像一个老气横秋的夫子，背着手弯着腰四平八稳地踱在长满青苔的石板路上。

平日里没有课时，他会上街走走，看看市景，了解一下风土人情。这种习惯早在杭州时就养成了。那时他是为了画画采风，如今虽不再经常画画，但写诗又成了他生活的一部分。

走在常州街上，艾青看见两边陈旧低矮的民宅，常常会想到畈田蒋村的石屋，有时感觉，家乡的房屋都比这城市里的敞亮气派。

人穿行于街上，沿途店铺里收音机总在放送着绵软甚至低级的歌曲，娇嗔的女人声像绳索一样羁绊着你的脚，间或有一两辆黄包车摇着响铃掠过，如一柄锋利的剑，割断软歌的绳索。

南方多雨，而艾青又喜欢在雨中散步，这一方面可使思绪带上绵绵的色彩，另一方面也可借雨水冲刷一身的不快和燥气。只是雨中匆行时会与过往之人相碰，有时又难免失足踩进坑坑洼洼的水坑，打湿裤脚衫边。

艾青也走过许多长长短短的巷子，由于不临街和偏僻少人，常可见到一处处便溺斑迹，若是落雨，那阿木尼亚的气味，便会顺着雨水四处漫流，令路人无从下脚迈足。

常州的气味是古板的，在女子师范的校园中，艾青反倒觉得有些清新之气，女学生们在自己的空间里说笑谈唱，可走到街上艾青所见到的女人，不管是学生、佣人还是做什么其他行当的，大多是一身阴丹士林布的旗袍罩身，如若偶有一位上海之类大城市来的小姐、太太穿街而过，必然游街示众般地成为众矢之的，一双双似箭的眼光刺得摩登女极不自然。其实把这一两枝"艳花"撒在除了常州外的任何一座城市里，便犹如一滴水倾入大海那样无影无踪，丝毫也泛不出一点激情的涟漪。

常州城里有不少卖京货海货的铺子，从早上开张到晚上打烊，难得有三五个人光顾，好像这城市里的人都少食人间烟火，从不需要过多的物质来装点生活和岁月，于是店铺都成了"庙"，而店中的伙计们也都在日月交叠中渲化成了"庙"中的"泥菩萨"了。

与店铺相反，街头巷尾的茶馆生意却格外兴隆，一些头戴瓜皮小帽，身穿马褂长衫的男人们，可以什么事也不做地在茶香和闲话中泡上一天，直到掌灯时分，才摇头晃脑优哉游哉地回到各自生活的小"瓮"中，而他们一天中就着清茶的谈资，可以称得上是人生世界的"百科全书"，只是低俗庸碌了些。

艾青曾好笑地想：假如白日里再有一乘轿子抬过，前后呼应着开道鸣锣的小喽啰们，那不俨然一派清代的街景图了吗？

这些不甚起眼的民风市貌，刺激着艾青的感官，也撩动了他的诗心。

课余灯下，艾青真的将其写入诗中，命名为《常州》，诗罢曾读给同事友人听，凡听者皆认为艾青写得如画如真，有色有声，入木三分。

在常州的日子里，艾青不只写了这类写实的诗，还写一些虚拟的诗，虽然身处这半闭塞的城中，他从书报杂志中仍看到了常州之外的中国和中国之外的世界上发生的许多事情。虽然只是教书，但他那颗心却不甘于只教"圣贤书"，两耳也乐闻"窗外事"。

他渴望那种漂泊流浪但充满了奋斗和炽烈的生活,渴望把自己的才智和血肉融入时代和历史的洪流中,他在《卖艺者》中唱道:

> 我看着同伴的背,
> 他背上的
> 向我笑着的猴子,
> 大跨着我们的脚步,
> 穿过森林,渡过江河
> 向无边际的大地走去……
>
> 早晨,我们在
> 江北的市镇上,
> 黄昏,我们在
> 江南的都会里,
> 一年又一年
> 叫,喊,哭,笑,
> 伴着锣鼓的声音跨过……
>
> 人将说
> 我们是天外的移民,
> 神圣的像盗匪;
> 我们大吹大擂的到来

又大吹大擂的去……

我们自哪儿来的?

我们往哪儿去呢?

旱荒,饥馑,战争,

把我们逐出

生我们的村庄——

像青草被连根的拔起,

谁能不怀念

那土地的气息?

让烈日与风雨

来侵蚀我们的血肉;

让饥饿与漂泊

来折磨我们的筋骨;

我们应该

向陌生人笑,哭,叫,喊!

我们流浪!

我们死亡!

……

"哈!哈!哈!"

冬冬冬!铛铛铛!

我们举起了闪光的刀,
我们摇晃着绯红的布,
我们走过空中的绳索,
我们吞下坚硬的长剑,
这是我们的生活!
你们笑吧,笑吧,
"哈!哈!哈!"

哪儿是我们的故乡?
哪儿是我们的家?
……

写这诗的时刻,艾青的心在沸腾,那咚咚的搏响与国家民族的心音齐鸣合拍。幽幽的灯光下,他想象自己大跨着脚步,"穿过森林,渡过江河,向无边际的大地走去",他还不知道大地的前方是何等辉煌的景象,但他有种强烈的预感,预感到这块深沉厚重的土地一定会有苏醒春发的那天。

常州的艾青也有过多情浪漫的诗思,虽然常州比起法国来离家乡已经很近了,不过闲暇时、失意时仍有"独在异乡为异客"的感觉,虽为人师、人夫,也是血气方刚的年华,笔下心中也会汩汩地流出多情的诗句来。艾青在一首名为《窗》的诗中唱道:

在这样绮丽的日子
我悠悠地望着窗
也能望见她
她在我幻想的窗里
我望她也在窗前
用手支着丰满的下颔
而她柔和的眼
则沉浸在思念里

在她思念的眼里
映着一个无边的天
那天的颜色
是梦一般青的
青的天的上面
浮起白的云片了
追踪那云片
她能望见我的影子

是的,她能望见我
也在这样的日子
因我也是生存在
她幻想的窗里的

绮丽的日子才会有绮丽的遐思，幻想的窗才会生美丽的梦。这诗里的她是谁？哪一位可爱的姑娘？艾青没有说，几十年后有人问到他，诗人也只是笑笑，"那是我想象中的她"。

青天，白云，绮日，清影，柔和的眼，丰满的颔……艾青把每一个给过他生活勇气和生命动力的女性都倾注到了她的身上。她，是虚幻的；她，是实在的。

一个学期很快就要结束了。对于女子师范，艾青颇有些感情，他的言行虽得到广大学生和部分年轻老师的赞许，却受到校方的刁难和白眼。在商定第二学期聘期时，女校长拐弯抹角地表示因种种情况和原因，不打算再续聘艾青了，这其实并不意外，艾青没有乞求，二话没说，便回宿舍收拾行装。他本来已不太想长期窝在这里了。

倒是同学们听到先生要走的消息有些惋惜和黯然。今后，恐怕再也碰不到这样风流倜傥有才华又豪爽的老师了。

艾青要走了，同学们都出来送行。一位学生代表把一块锃亮的镀金手表放到他的手上："先生，这是我们大家的一片心意，你戴着它留个纪念，别忘了在女师的日子啊！"

"同学们，谢谢你们！我只有一句话：希望你们学好知识，日后用理想和行动报效祖国。"

41. "十月怀胎"

艾青这次回家，只不过是点了个卯，不过三五日便收拾了东西，离开了畈田蒋村。

父亲由于有了上一次的冲突，知道也左右不了儿子，干脆不闻不问了，唯一对竹茹要随艾青一同出去，有点不舍。这个儿媳妇过门后，真在家里起了大作用，艾青不在家，她里里外外成了蒋忠樽和楼仙筹的最得力帮手。平时有重要的事，两个老人还专门征求一下儿媳的意见。如今冷不丁听说儿媳要随儿子走，还真有点空落落地舍不得。

楼仙筹到底是母亲和女人，想得细些周到些，她对蒋忠樽说："儿子这次是要去上海，你忘了那年弄画被抓进大牢的事了？"

蒋忠樽摇摇头："这事一辈子也忘不掉啊！"

"那就是了，海澄从小固执，一条道儿能跑到黑，遇事不管不顾，有竹茹这么懂事识大体的女人在身边，咱们不是也放心些吗？"

蒋忠樽想想楼仙筹说得在理，心里也不那么别扭了。

离开了家，艾青带着妻子先到杭州小停，接着很快又来到了上海。

竹茹是第一次远离家，也是第一次见到这么繁闹的大城市，高兴得像一个孩子。虽然生活并不安定和舒适，但她对一切都感到新鲜，苦累也不觉得了。

初到上海，他们先在闸北区找到一个破旧的房子栖身，亭子间很破，生活也很不方便。不久，艾青又托朋友帮忙在拉都路的一所楼房中租到一间房。这次是在法租界内，又是二楼，条件相对好了些。看看新居虽然不大不新，竹茹还是非常高兴，她尽量把这个"家"布置得舒服一些。住房的楼下开着一家缝纫店，白天竹茹没事时也去下边走走坐坐。

到上海后艾青不断写些诗歌，以此换些稿酬维持生活，由于出来时家里没有给什么钱，他们的生活是困窘的。在那个社会里，一个文人想靠稿酬生活十分不易，若要养家糊口，则更为不易。艾青只得再去找工作挣份工资。他会画画，到新华艺大教了一阵子美术，后来又在《天下日报》找到一份文艺副刊编辑的工作，早出晚归，看稿发稿。

生活是清苦的，但精神上是自由的，特别是竹茹在身边陪伴，使他免去了很多生活杂事。

白日里忙着报纸的事，晚上艾青就钻进诗歌的世界。除了写诗外，他把以前的诗也都整理了一番，不积累不知道，原来从1932年写诗至今他已经写了不少作品，也许该编个像模像样的集子了。

艾青把自己想出诗集的想法告诉了竹茹，她眼睛睁得大大的,表示要全力以赴支持他。艾青又把想法告诉几个朋友,大家也都认为是时候了。

诗很快选了出来,一共是九首:都是在狱中几年所写,有《大堰河——我的保姆》,有《透明的夜》《聆听》《那边》,还有《一个拿撒勒人的死》《画者的行吟》《芦笛》,以及《马赛》和《巴黎》。

为了纪念奶娘大叶荷,他决定诗集名叫《大堰河》。

艾青自己会画画,诗集的封面当然也就不必请旁人代劳了。他特意找了一张很白的纸,又想到当年看过的一位法国画家的画作,于是在纸的右边用速写方式勾勒出一个青年男子的头像,那只劳动者的手紧紧握着一把铁锤,象征着劳工的神圣和在他心目中的地位。画用的是浅绿色调,而左边对称的书名和作者名则选用了象征着火与热烈的红色调。

竹茹很欣赏艾青的封面设计,她拿在手里左看右看,不相信艾青竟是个这么有才能的夫婿。

"你喜欢吗?"艾青问。

"当然!"张竹茹肯定地说。

"好,我再让你看几幅画作。"艾青说着又从桌上一摞稿中抽出几页纸来,推推面前的东西,把画一张一张摊在了桌子上。

张竹茹探近身子,听着艾青一幅幅地给她解释作品。

"这两幅画是别人的作品。"艾青指着一张有着一个驼背负重并手提篮子的老人的画说,"这是一位外国画家的画,画得很深刻,沧桑老人背负的是岁月、生命的重包袱,你可以感觉到他坎坷多磨难的人生路,但他还在艰难地前行,不甘心就此止步或倒下。"

"这幅画叫《Chagall》?"竹茹看看画角的题名。

"嗯!"艾青又把另一张画拉到妻子面前,"这幅题名为《夜》,你看这街道、房屋、街灯的处理是那样冷寂凄凉。这个灯杆下的流浪汉茫然地不知何去,他可能都不如远处那条狗的命运吧。"

竹茹点点头,若有所思地说:"你在巴黎那几年是怎么生活的?"

艾青笑笑,感慨道:"画上的景象我在巴黎也见过。"

"这两张呢?"张竹茹又指着另外的画问。

"这两幅是我的画。"艾青说。

"是你的?当年在巴黎画的?"

艾青点点头:"不信?"

"有点吧!"竹茹小心地拿起一张来,就着灯光细细地看,画上画了一位头戴着鸭舌帽,静静地坐在那里的老人,老人的双肩下垂,双手放在膝上,目光滞涩像是在沉思往事,又像在等待什么,画的调子和表现手法都有种朦朦胧胧的感觉。她看了看画的题名,是《检票员》,心想:老人可能一辈子都在这小站上生活吧?

张竹茹又看第四幅画,画面上还是老人,不过这次是两个了,一个百无聊赖地坐在路边的石桩子上,另外一个正缓慢而蹒跚地向屋中走去。远景是一幢幢房屋林立,向画中人挤压过来。

"这幅叫《篱》。"艾青说。

"《篱》?"张竹茹不太明白为什么会叫这个名字,又看了看,才若有所悟地说,"我有点明白你为什么起这个名字了。"

"用这四幅画作书中的插图怎么样?"艾青问。

"你这几张画中都是老人,而且都是穷苦人!"

艾青点点头,说:"我觉得这才更适合我集子中作品的风格。这些下层劳苦人是真正的社会创造者。"

灯光映在艾青棱角分明的脸上和挺拔的身上,张竹茹看到他的眼睛中放着光泽,心想:他真像一尊石雕铜铸的塑像啊!

42.《大堰河》问世

一部聚集了艾青数年创作心血的诗集终于编好了。艾青先是兴奋,兴奋之余又有些焦虑。该找什么地方来出呢?他想了几个地方都不合适,忽然想到一起留法的老同学俞福祚。对,就是他。

俞福祚很痛快地接受了这件事,朋友托办的事他从来都是很热心的,何况还是感情不一般的朋友艾青。想到艾青已在诗坛上有些名气,他估计这件事有些把握。

"我很快就送给我们出版社的总编辑审看,一有消息我立即告诉你。"俞福祚在文化生活出版社工作。

艾青感激地说:"那么我就等俞兄的信儿了。"

等了些日子,俞福祚来了,他显得很抱歉的样子说:"蒋兄,真有点对不起你,就这么件事还没有给你办成,社里看了你的稿子,决定不采用。唉,我真是没用处!"

艾青从俞福祚手中接回那包沉甸甸的稿子,心里很不是滋味,他也没有想到会被退稿,看着俞福祚的样子,艾青说:"这不怨你,你尽力了,没出我也要感谢你,也许是我的水平还差些,我再想办法吧!"

"对,蒋兄,我和大家会帮你想办法的!"俞福祚说罢就去联络朋友、同学。

竹茹发现艾青这几日情绪很低落,吃饭不香,喝茶无味,睡觉也失眠,知道他准是心中有什么不快或不顺的事,一问才知道是出书的事搁浅了。她不知该怎样安慰丈夫,就尽量做些好吃的给他,平时也多找些话题与他谈扯,可艾青还是不快。

那天晚上,艾青在灯下闷头看书,张竹茹给他送了杯茶后坐在了旁边: "海澄,你的诗集这几日有点眉目了吗?"

艾青摇摇头:"眼下这种情况,只能自费出了,我已和江丰、俞兄他们商量，他们正在帮我筹钱，不过现在大家都不富裕啊！"

竹茹想了想，说："我倒有个办法。"

"什么办法？"艾青抬起头来。

"你等着！"竹茹转身去了一会儿，又抱着个小箱子回来，"这是我陪嫁的一点首饰，留着也没什么大用，给你出书派个用场吧！"说完，她打开箱子，拿出几件首饰来，放到桌子上。

"竹茹！"艾青有些激动，握住妻子的手，"我不能用你这些首饰。"

"出书是大事，首饰卖了以后还可以买呀！你就别犹豫了！"

艾青要自费出书，朋友们得到消息也都鼎力相助。江丰、俞福祚四处奔走，很快便凑起了一笔钱，有了买纸的钱，还要有印刷的地方。俞福祚说："我可以想办法。这件事交给我了。"

俞福祚几经周折才与一个印刷厂商定了，纸钱先付，印刷费用记账，以后出了书再付。后来，俞福祚用自己在出版社得到的工资偿还了这笔印刷费。

《大堰河》在大家的努力和帮助下，终于问世了，一共印了1000册，出版时间是1936年11月10日，发行人是张正。

江丰帮着联系了位于上海四马路中市的群众杂志公司

代为销售。书送去后,隔几日,他便跑去看看卖的情况。

艾青看到自己的第一部诗集,心里百感交集。这是一本薄薄的小书,32开本,用毛边道林纸印刷装订而成。虽然只收了9首诗,但这9首诗却记载着他那么长一段人生的经历啊!

当认识他的人向他表示祝贺时,艾青却没有表现出多么兴奋,他总是平静地笑笑,并感谢大家对他的鼓励和支持。他甚至没有那种成功的喜悦,而是觉得今后他将踏上一条充满了荆棘和艰辛的追求之路。

《大堰河》的问世,对文坛起到了不小的震动,中国文坛上许多重要作家、诗人、文学评论者都在很短的时间内做出了反应。

1936年12月10日,雨巷诗人戴望舒参加主编的《新诗》杂志,刊登了介绍《大堰河》的广告。

1937年元旦,很有影响的《文学》杂志,又在"新诗集编目"栏目中介绍了《大堰河》出版的消息。

茅盾看到了艾青这个青年诗人的崛起,立刻请胡风关注这两三年出现的新诗人。

胡风被艾青的《大堰河》深深地感动了,他很快热情地写了一篇评论艾青的诗的文章,叫作《吹芦笛的诗人》。胡风热情敏锐的笔触,准确生动地勾勒出艾青这位年轻诗人的形象和内心世界,成为正式全面评价艾青诗歌创作的第一篇重要文章,胡风的文章说:

……我想介绍一个诗人。这诗人署名艾青,最近出版了仅仅包含九首诗的题为《大堰河》的集子,我想写一点介绍,不仅因为他唱出了他自己所交往的,但依然是我们所能感受的一角人生,也因为他的歌唱总是通过他自己的脉脉滚动的情愫,他的言语不过于枯瘦也不过于喧哗,更没有纸花纸叶式的繁饰,平易地然而是气息鲜活地唱出了被现实生活所波动的他的情愫,唱出了被他的情愫所温暖的现实生活的几幅面影。

胡风一下就点到了艾青那朴实情深的心灵世界。那是一脉滚动的如火热岩浆般奔突的感情世界。那种奔涌滚动是沉稳的,像交响乐中贝司的旋律,胡风也深沉地感叹:

　　如果说诗人只应该魔火似地热烈,怒马似地奔放,那么,艾青是要失色的。如果说诗人非用论理的雄辩向读者解明什么问题或事象不可,那艾青也是要失色的,至于用不着接触内容就明显地望得到排列的苦心的精巧的形式,他更没有。

尽管艾青没有这些,但他有生活的实质,有人生的强烈感受,所以胡风仍坚定不移地想介绍这位年轻的诗人:

"这是因为我读着《大堰河》,感受了诗人的悲欢,走进了诗人所接涉所想象的世界,没有发生疑虑也没有感到生疏的缘故。"胡风也随着艾青的诗行,随着艾青诗行中的悲欢离合和喜怒哀乐而驾驶着情感的小舟。

这情感的小舟载着胡风的笔,在《大堰河》中的每一首诗中游弋,记录下每一点每一滴情感的浪花和漩涡……

胡风被激动着。

诗坛被激动着。

只有艾青比以往任何时候都平静清醒,他不知为什么,特别想回一次家。

他想畈田蒋村北那座尘封的房舍,想躺在村北田堤边那片土地中的最亲近最忘不了的奶娘——大叶荷。

奶娘啊,你的澄儿没有辜负你的抚养,没有辜负你的希望,他将永生永世记着你的恩泽、你的乳汁,用已经展开的歌喉,为你、为家乡、为祖国、为同胞骨肉歌唱!

尾声

吹芦笛的诗人

艾青就这样走上了诗坛,本来这个故事也可以结束了,但诗人日后数十年的经历更为跌宕起伏,充满了戏剧色彩,使我忍不住想把诗人后来的足迹向读者作以简明的交代。也许从这行镂入基石、曲曲折折的足迹中,人们能悟得一些人生的哲理,并会对艾青有一个较为详细的了解和认识。

登上诗坛后的艾青,诗歌创作进入了丰收的季节。

1937年开始,随着中国大地上抗日烽火的日益高涨,他的诗如泉水岩浆般涌出。

这年的7月6日,他在从上海去杭州的火车上,写下了漩流着战斗者血液的《复活的土地》,第二天便爆发了卢沟桥事变,中华民族在炮声中奋起,用血肉之躯来保卫自己的国家。在抗日的洪流中,艾青以诗歌为武器参加斗争。他奔走在祖国的大地上,写下了《雪落在中国的土地上》《手推车》《北方》《向太阳》《吹号者》《他死在第二次》《旷野》《火把》等许多振奋民族精神的诗歌,像号角一般鼓舞人民反对日本侵略者,保卫国家和民族的尊严。他以烈火一般的诗句燃烧起了人民对侵略者的仇恨,以歌喉和行动为民族和国家尽力。

1941年1月发生了震惊中外的皖南事变，艾青在周恩来的帮助下与一些文化文艺界人士辗转来到延安，从而开始了人生中又一段全新的生活和创作历程。

在延安这片汇聚了众多进步文艺工作者的土地上，艾青积极投入文化工作，编刊物、写诗歌，从一个全新的角度创作了一大批诗歌作品，像《雪里钻》《毛泽东》《给太阳》《黎明的通知》《献给乡村的诗》《吴满有》等，他还参加了著名的有着历史意义的"延安文艺座谈会"，并与毛泽东有过多次长谈。

在延安的岁月里，艾青还回过头对儿时的足迹有过认真的反思，他写了《我的父亲》《少年行》等回忆录式的诗篇。在《少年行》中他唱自己："像一只飘散着香气的独木船，离开一个小小的荒岛；一个热情而忧郁的少年，离开了他的小小的村庄。"尽管他在诗中说自己不喜欢"那个村庄"，但最后却仍然吟说："等我也老了，我再回来和你们一起。"

艾青忘不掉生他养他的村庄和土地，同样也忘不掉给过他无尽痛苦回忆的父亲，那篇长长的《我的父亲》是对父亲的客观评价。这不只是艾青的父亲的身影，也是中国封建社会里一个有代表性的典型的多重性的人物形象。

面对这个平庸的、安分守己的、可怜的人，艾青的心也在悸动，他在诗中这样写出他的心情和心态：

如今我的父亲,

已安静地躺在泥土里,

在他出殡的时候,

我没有为他举过魂幡,

也没有为他穿过粗麻布的衣裳;

我正带着嘶哑的歌声,

奔走在解放战争的烟火里……

艾青的母亲来信,让他回去处理父亲的善后之事,艾青"不愿埋葬我自己",违背了母亲的意愿。是一种为国奋斗的力量使他战胜了自己,他找到了自己的理想:"我要效忠的不是我自己的家,而是那属于万人的一个神圣的信仰。"

正是这个信仰引导着艾青和千千万万的人走过了战争的硝烟,进入了新中国的大厦。

新中国成立后,艾青又展开了歌颂新生活的歌喉,但在政治风浪中,他人生旅途的小舟却被巨浪打到了谷底。

从1957年到1978年他经历了无法用诗文表达的苦难岁月。从北大荒到新疆石河子,他在挫折和劳动中重新认识了自我,认识了社会,认识了真理。

当他重返诗坛,重新放歌太阳、土地、光明时,他才会唱出《古罗马的大斗技场》《在浪尖上》《光的赞歌》

《鱼化石》等许多气贯长虹、势如破竹、入木三分、发人深省的力作来。

愈到晚年,艾青的思乡情怀愈浓。

1982年5月,复出后的艾青在夫人高瑛的陪伴下,回到故乡畈田蒋村,村外那两棵大樟树,勾起他多少思绪。在家乡,艾青见到了大堰河的二儿子,真高兴。他们在一起照了相,唠了许多的家常话。

十年之后,1992年5月,艾青又一次回乡,这次他在金华市参加了"艾青研究报告会"。5月21日,艾青在畈田蒋村村北的田边,参加了大堰河墓碑的揭碑仪式。

此时,坐在轮椅上的艾青老人在奶娘的墓碑前久久默哀,寄托自己几十年来对她的思念之情。

1996年5月5日,北京降着霏霏细雨。

一颗经历了历史沧桑和时代风雨的心脏,在北京协和医院一间整洁的病房中停止了最后的跳动,生命的时针指在了凌晨4时15分。

一代"诗魂"艾青走完了86年的风雨人生路。据一位当时在场的人说,艾青去世前曾口中默默地念着孙中山先生的遗训:"……必须唤起民众,及联合世界上以平等待我之民族,共同奋斗。"

那天正下着细细的雨,无声无息。一位诗人感慨:"是苍天在为这位伟大的诗人送行。这是一位伟大的诗化了的生命,诗化了的神奇终结。"

也许没有什么语言能比艾青1954年在智利海岸边写的这首诗更能为诗人自己写照了:

一个浪,一个浪,
无休止地扑过来
每一个浪都在它脚下
被打成碎沫、散开……

它的脸上和身上
像刀砍过的一样
但它依然站在那里
含着微笑,看着海洋……

这首诗的名字叫《礁石》。

于京西八角村